AF464158

TÉ

TRAITÉ
ÉLÉMENTAIRE
DE GRAMMAIRE.

TRAITÉ ÉLÉMENTAIRE DE GRAMMAIRE ET D'ORTHOGRAPHE FRANÇOISE,

POUR SERVIR D'INTRODUCTION A L'ÉTUDE DE LA LANGUE LATINE.

Par M. ROYON, Maître-ès-Arts, Professeur de Belles-Lettres.

A PARIS,

M. DCC. LXXVII.

Avec Approbation & Privilege du Roi.

PRÉFACE.

Si tant de personnes se plaignent des difficultés qu'elles rencontrent, dans l'étude de la Grammaire; c'est qu'en général nos livres élémentaires contribuent peu à les applanir. L'obscurité des définitions, les raisonnements trop compliqués, & surtout la trop grande multiplicité des principes adoptés dans cette partie, sont autant d'écueils, contre lesquels, on voit journellement échouer la mémoire la plus heureuse, & la pénétration la plus vive.

La science est le résultat, tant de l'intelligence des termes relatifs à un art, que de la combinaison des divers principes, qui en constituent les règles fondamentales; conséquemment, la clarté dans les définitions des termes, & la précision dans les principes, doivent être les qualités essentielles d'un Ouvrage Élémentaire ; en sorte que toutes ces longues discussions sur l'étymologie de certains mots, ces raisonnements prolixes & métaphysiques qui grossissent la plupart de nos traités, sont bien moins propres à instruire un éleve, qu'à faire briller l'érudition d'un Auteur, surtout par rapport à la Grammaire, qui naturellement doit servir d'introduction aux autres Sciences, & fixer en premier lieu, l'attention d'un enfant peu susceptible dans l'hypothèse, d'entendre une infinité de termes scientifiques, & de suivre des raisonnements trop abstraits.

L'inexactitude dans les définitions des termes particuliers à la Grammaire, est sur-tout une des causes principales des difficultés dont on se plaint ; comment en effet déterminer la nature du verbe, par cette définition ? = *le verbe est un mot dont le principal usage est de signifier l'affirmation*, & que prouvent tous les raisonnements possibles pour établir sa prétendue légitimité ? je m'en rapporte au lecteur.

On trouve encore une autre définition du verbe assés singuliérement imaginée, dans une Grammaire imprimée en 1774. == *Le verbe*, dit l'Auteur, *est un mot qui sert à lier ensemble nos idées, pour en former un sens fini*; == pourroit-on mieux définir une conjonction ? mais cette inattention doit peu surprendre, dans un Ouvrage, où l'on lit (page 353) que le participe est déclinable dans cet exemple, == *ma mere s'est repentie* == ensuite (page 357) qu'il est indéclinable, dans cet autre exemple; == *ma mere s'est félicité.* ==

Je me suis donc particuliérement appliqué à donner des définitions exactes; en sorte que l'on peut les considérer toutes, comme autant de principes, dont les conséquences s'annoncent aisément. Ainsi ma définition du verbe en général devient le principe des définitions particulieres de ses différentes especes, & c'est de ce premier principe bien conçu, qu'émanent comme autant de conséquences sensibles, tous ceux que je donne ensuite sur les cas des noms françois, dont la nature & les propriétés n'ont encore été que très-imparfaitement démontrées; car quelques-uns en ont donné des définitions si obscures, qu'elles sont insuffisantes pour déterminer exactement ce qui les caractérise; d'autres se sont bornés à des recherches étymologiques plus curieuses qu'utiles, puisqu'il est constant que les dénominations des cas n'ont aucun rapport réel, avec leur véritable acception. Enfin quelques Grammairiens plus modernes prétendent que notre langue n'est point susceptible de cas; mais ce systême dont résulte, quant à présent, la nécessité d'asservir l'étude de la Langue Latine à des éléments particuliers, dans lesquels on ne retrouve plus aucune analogie, avec ceux de la Langue Françoiſe, entraîne après lui des conſéquences d'autant plus contradictoires, que ſes Auteurs ſont forcés d'admettre, les uns, des *régimes directs*, des *régimes indirects*; les autres, des *régimes objectifs*, des *compléments immédiats*, des *ſubjectifs*, des *objectifs*, &c., c'eſt-à-dire, des *nominatifs*, des *datifs*, des *accuſatifs*, des *ablatifs*, en un mot, les cas déſignés ſous d'autres dénominations.

Ce dernier ſyſtême eſt cependant aujourd'hui très-accrédité, & je ne doute point que ſes partiſants ne s'efforcent de ridiculiſer le mien. Quoi? diront-ils, renouveller encore ces *nominatifs*, ces *génitifs*, ces *cas* ſurannés, dont on vient enfin de ſecouer le joug? Se peut-il qu'un contemporain de nouveaux ſyſtêmes ſi admirablement imaginés, oſe élever la voix pour prononcer des termes ſi antiques, ſi vils & ſi mépriſés?

Mais pour appuyer mon ſentiment, je crois qu'il eſt à propos de déterminer; 1°. La ſignification du mot, *cas*; 2°. Les qualités eſſentielles à un traité Élémentaire.

Les cas, dit-on, ſont les diverſes chûtes ou terminaiſons d'un nom, ſuivant ſes différents rapports, dans ce ſens, il eſt évident que la Langue Françoiſe n'en eſt point ſuſceptible, & qu'il en exiſteroit moins de ſix dans la Latine, la Grecque, &c., puiſqu'on n'y trouve aucun nom dont chaque rapport ſoit marqué par une terminaiſon particuliere.

Quant à moi, j'entends par *cas*, les différents rapports d'un nom; & je dis qu'il y a ſix cas, parce qu'un nom eſt ſuſceptible de ſix rapports; conſéquemment, *cas*, *rapport*, *circonſtance*, *occaſion*, *événement*, ſont ſynonimes, & n'expriment pas moins dans ce ſens, la force du mot latin *caſus* que *chûte*, *terminaiſon*; la rendent dans le ſens précédent ; ainſi, dire qu'un nom a ſix cas, c'eſt exprimer qu'il peut être employé dans ſix *événements*, ſix *occaſions*, ſix *circonſtances*, ſix *rapports* différents ; d'où je conclus que l'exiſtence des cas eſt eſſentielle non-ſeulement aux noms françois & latins ; mais encore à ceux de toutes les langues poſſibles.

Relativement aux qualités eſſentielles à un Traité Élémentaire ; j'ai déjà dit qu'elles conſiſtent dans la clarté & la préciſion ; en ſorte que tel ſyſtême eſt préférable à tel autre, dès qu'il conduit plus facilement & plus promptement aux connoiſſances qui forment leur objet commun ; particuliérement ſi à ces avantages l'un réunit encore celui de découvrir des vérités inconnues dans toute autre hypothèſe. Si l'on propoſoit en effet, d'examiner la queſtion de ſavoir, *quel Traité de Grammaire Françoiſe doit mériter la préférence ?* Perſonne, ſans doute, n'héſiteroit de donner son suffrage à celui qui, avec le moins d'obstacle, parviendroit le plus promptement, je ne dis pas à démontrer seulement les principes de cet idiôme; mais encore à en généraliser les loix, par rapport à toutes les autres langues.

Je ne me flatte pas, à beaucoup près, d'avoir atteint ce point important; mais je croirois en décliner encore davantage, si je niois l'existence des cas; parce qu'il est démontré que ce systême, en les rejettant, n'est pas moins forcé de les expliquer sous d'autres dénominations. Au moins les jeunes gens destinés à l'étude de la Langue Latine, que j'ai particuliérement en vue, trouveront dans ce Traité, le double avantage d'apprendre les éléments de cette langue, en se perfectionnant dans la françoise; & sans être étonnés des dénominations des cas, dans les déclinaisons latines, ils en concevront facilement la nature & le véritable emploi.

Insistons encore sur ce qu'une partie des Traités Élémentaires ne se renferment point assés dans le sujet qu'ils annoncent. Un Auteur qui veut briller, sacrifie souvent l'utile à son intérêt personnel : veut-il prouver une vérité dont l'évidence n'exigeoit que la plus simple exposition? il prend l'essor, parcoure succéssivemnet toutes les Sciences, entasse raisonnements sur raisonnements, & pour obtenir l'applaudissement du lecteur, il lui fait une exacte analyse de toutes ses connoissances ; *sed non erat his locus.*

Les Principes de toutes les Sciences sont fondés sur la théorie & sur la pratique. Les premiers doivent être d'autant moins multipliés, qu'ils exigent des facultés de l'âme une tension fatigante & un travail pénible, dont tout le fruit se perd souvent par la moindre distraction ; c'est donc cette partie des Sciences qu'on ne peut trop analyser ; quant à la pratique ;

elle doit être d'autant plus exercée ; que ses productions sont les moins tardives & les plus solides, parce qu'elle est également soumise aux facultés intellectuelles, & aux opérations des sens, qui concourent ensemble, pour en rappeller les principes au siege de l'entendement & de la réminiscence.

C'est sur ces observations que j'ai formé le plan de cet Ouvrage, dans lequel j'ai tâché de ne point m'écarter de l'unité, de la simplicité & de la précision qu'exige un Traité Élémentaire, & purement Théorique.

Deniquè sit quodvis simplex duntaxat & unum.

. . . .

Quidquid præcipies esto brevis, ut citò dicta
Percipiant animi dociles, teneantque fideles.

Hor. de art. Poet.

J'ai rangé chaque article de maniere qu'il ne renferme que des définitions, des diviſions & des exemples : j'en ai ſoigneuſement rejetté tout ce que j'ai cru capable de fatiguer la mémoire & le raiſonnement ; même tout argument propre à établir mes principes, dont j'abandonne la défenſe à l'expérience, & aux heureux ſuccès qui en ont toujours réſulté.

Enfin pour déterminer la maniere de réduire en pratique les principes de la Grammaire, & fixer la forme de ces ſortes d'opérations ; j'ai terminé ce Traité par quelques détails ſur la méthode-pratique que j'obſerve avec mes éleves ; & par des exemples choiſis, tant en vers qu'en proſe ; dans leſquels ſont compriſes les difficultés les plus intéreſſantes, avec toutes les explications Grammaticales dont elles ſont ſuſceptibles ; j'eſpere que le Public les verra d'autant plus volontiers, qu'il y trouvera toutes les obſervations relatives à chaque eſpece de mots, & une récapitulation auſſi courte qu'utile de tous les principes épars, dans le corps de cet Ouvrage. D'ailleurs ces explications que j'annonce être d'un de mes éleves, après vingt-huit leçons ſur cette partie, mettront le lecteur inſtruit en état de juger de la rapidité des progrès qui peuvent réſulter d'une bonne méthode, & des avantages qu'en retireroient les jeunes gens deſtinés à l'étude de la Langue Latine.

TRAITÉ

TRAITÉ ÉLÉMENTAIRE DE GRAMMAIRE ET D'ORTHOGRAPHE FRANÇOISE,

POUR SERVIR D'INTRODUCTION A L'ÉTUDE DE LA LANGUE LATINE.

CHAPITRE PRÉLIMINAIRE.

La Grammaire est l'art qui donne les principes, pour exprimer correctement ses pensées, tant par le moyen de la parole, que par celui de l'écriture.

Pour exprimer ses pensées par le moyen de la parole, on se sert de mots, que l'on peut considérer comme les signes expressifs de nos idées ; & l'on emploie des lettres, pour tracer ses penſées par écrit, en ſorte que l'écriture eſt, comme dit Boileau : *l'art ingénieux de peindre la parole, & de parler aux yeux.*

Les deux objets eſſentiels de la Grammaire conſiſtent donc à donner les principes convenables, tant pour employer à propos les différents mots qui compoſent une Langue, que pour les figurer par écrit, avec toutes les lettres néceſſaires.

Les mots ſont ordinairement compoſés de pluſieurs ſons indiviſibles, qu'on nomme ſyllabes, ainſi le mot, *intelligent*, eſt compoſé de quatre ſyllabes, parce qu'on y diſtingue quatre ſons indiviſibles, *in-tel-li-gent.*

Tous les mots dont la langue Françoiſe eſt formée, réſultent de la combinaiſon de vingt-cinq lettres, dont cinq ſe nomment *voyelles*, dix-neuf, *conſonnes*, & une *y grec.*

LES VOYELLES ſont des lettres qui peuvent d'elles-mêmes former un ſon, ſans être jointes à aucune autre lettre ; il y en a cinq ; *a, e, i, o, u.*

LES CONSONNES au contraire ſont des lettres qui ne peuvent rendre aucun ſon, ſans être jointes à une voyelle. Il y en a dix-huit ; *b, c, d, f, g, h, k, l, m, n, p, q, r, s, t, v, x, z.* Lorſque la lettre *h*, n'eſt point aſpirée, elle n'eſt plus réputée conſonne.

L'Y GREC eſt un caractere que l'on emploie, pour tenir la place d'un i double, comme dans ces mots, *eſſayer*, *voyelle*, *moyennant*, &c. & quelquefois pour exprimer un mot; comme dans ces exemples, j'*y* cours = combien *y* a-t-il de lettres, &c.

Par rapport aux voyelles, on ſe contentera d'obſerver que les différents ſons dont l'*e* eſt ſuſceptible, en font diſtinguer trois ſortes; ſavoir, l'*e* muet, l'*é* fermé, & l'*è* ouvert.

L'*e muet* eſt celui qui n'a qu'un ſon ſourd; comme à la fin du mot, *ſage*.

L'*é fermé* ſe prononce comme à la fin du mot, *bonté*: on le ſurmonte toujours de l'accent aigu (´).

L'*è ouvert* ſe prononce comme à la fin du mot, *ſuccès*; on le ſurmonte de l'accent grave (`).

On nomme *accents* certains caractères que l'on met ſur les voyelles, pour les faire prononcer d'un ton plus fort ou plus foible; outre l'*accent aigu* (´) & l'*accent grave* (`) dont on vient de parler; il y a encore l'*accent circonflexe* (^) qui s'emploie pour déterminer les voyelles longues, particuliérement l'*e*, l'*o*, & l'*i*; comme dans ces mots, *probléme*, *atôme*, *gîte*.

Le tréma (..) ſert à marquer qu'une voyelle forme une ſyllabe ſéparée de la précédente ; comme dans ces mots, *Saül*, *naïveté*.

Enfin l'apoſtrophe (') tient la place d'une voyelle finale ſupprimée devant un mot, qui commence par une voyelle, ou par *h* non aſpirée, comme, *l'animal*, *l'homme*.

Quoique les Grammairiens faſſent beaucoup d'autres obſervations ſur les lettres ; l'on ſe contentera des précédentes, pour paſſer aux différentes parties du diſcours, c'eſt-à-dire, aux différents mots employés dans la Langue Françoiſe, dont on peut diſtinguer dix ſortes ; ſavoir, *l'article*, *le nom*, *l'adjectif*, *le pronom*, *le verbe*, *le participe*, *la prépoſition*, *l'adverbe*, *la conjonction & l'interjection* ; ces dix ſortes de mots feront l'objet des dix Chapitres ſuivants.

CHAPITRE PREMIER.

De l'Article.

L'ARTICLE eſt un mot qui ſe met devant les noms, pour déterminer l'étendue de leur ſignification.

On en diſtingue quatre ſortes ; ſavoir, *l'arti-*

cle général, *l'article partitif*, *l'article individuel & l'article* un, une.

L'ARTICLE GÉNÉRAL sert à généraliser la signification du nom devant lequel il se trouve ; comme dans cet exemple, *l'homme est mortel* ; ses différentes terminaisons sont.

SINGULIER.

	Masculin.	*Féminin.*
Nom-accus..	*le*,.. *l'*.	*la*,..... *l'*
Gen-abl....	*du*. *de l'*.	*de la*,... *de l'*
Datif......	*au*. *à l'*	*à la*,.... *à l'*
Voc........	*ô* .. *ô*..	*ô*....... *ô*

PLURIEL.

Nom-accus.	*les*
Gen... abl.	*des*
Datif.	*aux*
Voc.	*ô*

La premiere terminaison de l'article général au singulier, s'emploie devant les noms masculins qui commencent par une consonne, ainsi l'on dira ; *le pere*, *le pain*, *le vin*, &c.

La seconde terminaison se place devant les noms masculins qui commencent par une voyelle, ou par *h* non aspirée, comme, *l'oiseau*, *l'esprit*, *l'homme*.

Pareillement l'on se sert de la troisieme terminaison de cet article, devant les noms féminins qui commencent par une consonne, & de la quatrieme terminaison devant les noms féminins qui commencent par une voyelle ou par *h* non aspirée; ainsi l'on dira, *la mere*, *la femme*, *l'amitié*, *l'honnêteté*.

Quant aux terminaisons du pluriel, elles sont communes à l'un & à l'autre genre; aussi dira-t-on, *les hommes*, *les femmes*, *les amours*, *les honnêtetés*.

L'ARTICLE PARTITIF est celui qui sert à restreindre la signification du nom devant lequel il se trouve; comme dans cet exemple, *des hommes sont savants*; ses différentes terminaisons sont

SINGULIER.

	Masculin.		*Féminin.*	
Nom-accus.	*du* ou *de* . .	*de l'* ou *d'* . .	*de la* ou *de* . . .	*de l'* ou *d'*
Gen-abl. .	*de* . . .	*d'*	*de*	*d'*
Datif. . . .	*à du* . . .	*à de l'* . .	*à de la* . . .	*à de l'*

PLURIEL.

Nom-accus. . . . *des* ou *de* ou *d'*

Gen-abl . . . . . . *de* . . . . *d'*

Datif. . . . . *à des* ou *à de*, ou *à d'*

On obſervera 1°. que l'article partitif eſt ſuſceptible des mêmes règles que l'article général, par rapport à ſes différentes terminaiſons, lorſqu'il eſt placé devant des noms maſculins ou féminins qui commencent par une conſonne, ou par une voyelle. 2°. Que les terminaiſons *de* ou *d'*, tant au nominatif qu'à l'accuſatif ſingulier & pluriel, pour les deux genres, ne ſont d'uſage que dans les circonſtances, où cet article ſe trouve devant un adjectif, ſuivi de ſon ſubſtantif; comme dans ces exemples, *la guerre cauſe de funeſtes ravages*, = *d'étranges révolutions ont cauſé la ruine de l'Empire Romain.*

L'ARTICLE INDIVIDUEL eſt celui qui s'emploie devant les noms propres; ſes différentes terminaiſons ſont

SINGULIER.

	Maſculin.		*Féminin.*	
Nom-accuſ.				
Gen-abl.	*de*	*d'*	*de*	*d'*
Datif.	*à*	*à.*	*à*	*à*
Vocatif.	*ô*	*ô.*	*ô*	*ô*

Cet article qui n'a point de pluriel, ſert à décliner les noms propres & les pronoms.

L'ARTICLE *un-une* ſert auſſi à généraliſer la ſignification du nom devant lequel il eſt placé ; comme dans cet exemple, *un homme de bien eſt eſtimable*, c'eſt-à-dire, *tout homme de bien eſt eſtimable*. Les terminaiſons de cet article ne changent point ; mais pour déſigner ſes différents rapports, l'on place devant lui l'article individuel, de cette maniere.

SINGULIER.

	Maſculin.	*Féminin.*
Nom-accuſ.	*un*	*une.*
Gen-abl.	*d'un*,	*d'une.*
Datif.	*à un*,	*à une*

Cet article n'a point de pluriel.

CHAPITRE II.

Du Nom.

LE nom eſt un mot qui ſert à nommer.

Il y en a deux ſortes ; ſavoir *le nom ſubſtantif*, & *le nom collectif.*

LE NOM SUBSTANTIF eſt celui qui ſert à nommer les ſubſtances, comme, *marbre*, *diamant*, &c.

Pour bien concevoir la nature & la diviſion des noms ſubſtantifs ; il eſt à propos d'obſerver

1°. qu'on nomme *substance*, tout être dont on peut affirmer quelque chose. 2°. Que la substance se divise en *substance physique* ou *matérielle*, en *substance métaphysique* ou *immatérielle*, en *substance universelle* ou *commune*, & en *substance singuliere ou individuelle*.

D'où l'on conclura 1°. que tout mot servant à nommer un être dont on peut affirmer quelque chose, est un nom substantif. 2°. Que puisque l'on distingue quatre sortes de substances, on doit pareillement admettre quatre sortes de noms substantifs; savoir, des *substantifs physiques*, pour nommer les substances matérielles; comme, *le marbre*, *le diamant*, &c. Des *substantifs métaphysiques*, pour nommer les substances immatérielles, comme, *la divinité*, *la vertu* : des *substantifs communs* pour nommer les substances universelles ou communes à chacun des individus qu'elles renferment; comme, *animal*, qui convient à tout être animé, *homme*, qui convient à chaque individu de l'espèce humaine. Enfin des *noms substantifs propres ou* [illegible], pour nommer chaque individu, comme, [illegible], *Louis*.

Les noms collectifs [illegible] à nommer l'assemblage de plus[illegible]; uns se nomment *noms collect*[illegible]:

qu'ils déterminent la nature des ſubſtances dont ils nomment l'aſſemblage ; comme , *armée* , *peuple* , *forêt* , &c. Les autres ſe nomment *noms collectifs indéterminés* , parce que la nature des ſubſtances dont ils nomment l'aſſemblage , n'eſt déterminée que par un nom ſubſtantif ſuivant ; comme , *la plupart* des hommes , *une partie* des ſavants , *une multitude* d'eſclaves , &c.

CHAPITRE III.

De l'Adjectif.

L'ADJECTIF eſt un mot qui ſert à qualifier les ſubſtances.

Il y en a deux ſortes ; ſavoir *l'adjectif déterminé* & *l'adjectif indéterminé.*

L'ADJECTIF DÉTERMINÉ eſt celui qui ſert à qualifier les ſubſtances d'une maniere déterminée ; en ſorte qu'il rend par lui-même un ſens parfait, ſans être joint au ſubſtantif qu'il qualifie , comme , *Roi* , *Empereur* , *Préſident* , *Capitaine* , *Soldat* , *Pere* , *Mere* , &c.

L'ADJECTIF INDÉTERMINÉ eſt celui qui ſert à qualifier les ſubſtances d'une maniere indéterminée ; en ſorte que ne déſignant point par lui-même, la ſubſtance à laquelle il convient, ſa ſignification n'eſt parfaite qu'autant qu'il eſt joint à un ſubſtantif, comme, *grand*, *beau*, *noir*, *blanc*.

☞ Quelques Grammairiens confondent mal à propos ces deux ſortes d'adjectifs. La néceſſité d'en former deux claſſes particulieres, réſulte des principes généraux à toutes les langues, ſur le détail deſquels je n'inſiſterai point, je me contenterai d'obſerver que les adjectifs déterminés ne ſont point ſuſceptibles de degrés de comparaiſon, qui ne peuvent convenir qu'aux ſeuls adjectifs indéterminés, & aux adverbes qui en ſont dérivés; comme on le verra ci-après.

ARTICLE PREMIER.

Des Degrés de Comparaiſon.

ON nomme *degrés de comparaiſon*, les différentes manieres dont un adjectif indéterminé peut qualifier une ſubſtance.

Il y a trois degrés de comparaiſon; *le poſitif*, *le comparatif* & *le ſuperlatif*.

Un adjectif eſt au *poſitif* lorſqu'il qualifie une ſubſtance par ſa ſeule expreſſion; comme, *Pierre eſt grand*.

Il est au *comparatif*, lorsqu'il qualifie avec plus, ou avec moins, ou avec une égale étendue une substance comparée à une autre. Dans le premier cas, on le nomme *comparatif d'excès;* comme, *Pierre est plus grand que son frere.* Dans le second, on le nomme, *comparatif de défaut*, comme, *Pierre est moins grand que son frere.* Enfin dans le dernier cas, on l'appelle, *comparatif d'égalité*, comme, *Pierre est aussi grand que son frere.*

Un adjectif est au *superlatif*, lorsqu'il qualifie une substance au plus haut ou au plus bas degré, au moyen des adverbes *très*, *fort*, *le plus*, *le moins;* comme, Pierre est *très*-grand, ou *fort* grand, ou *le plus* grand, ou le *moins* grand de tous ceux de son âge.

Il y a deux adjectifs françois, dont les comparatifs d'excès sont irréguliers; savoir, l'adjectif *bon*, qui fait au comparatif d'excès, *meilleur;* & l'adjectif *méchant*, qui fait au comparatif d'excès, *pire.*

☞ La raison pour laquelle les adjectifs *déterminés* ne sont point susceptibles de degrés de comparaison; c'est qu'ils déterminent, par leur simple expression, la nature de la substance qu'ils qualifient; en sorte que la qualité qu'ils expriment, ne peut convenir à toutes sortes de substances; par exemple, les qualités de *Roi*, de *Capitaine*, ſont étrangeres aux ſubſtances inanimées; au lieu que les adjectifs *indéterminés* expriment des qualités générales qui conviennent à pluſieurs eſpèces de ſubſtances, même aux adjectifs déterminés; auſſi dit-on : *Alexandre étoit un grand Capitaine, un plus grand Capitaine, un très-grand Capitaine ;* mais on ne dira pas, *Alexandre étoit plus Capitaine, très-Capitaine ;* ce qui démontre la néceſſité de ne point confondre ces deux ſortes d'adjectifs.

Il ne paroît pas moins contraire à la définition du nom, de le diviſer en *nom ſubſtantif collectif*, & en *nom adjectif ;* cette diviſion mal entendue ne peut qu'embrouiller les idées ſur ces ſortes de mots, en effet tout *nom ſubſtantif* doit néceſſairement exprimer le nom d'une ſubſtance; au lieu que le *nom collectif*, & *l'adjectif* expriment ſeulement, l'un l'aſſemblage, & l'autre la qualité des ſubſtances.

ARTICLE II.

Des propriétés des noms & des Adjectifs.

LES propriétés des noms ſont les *genres*, les *nombres*, les *cas* & les *déclinaiſons*.

LE GENRE est une distinction des substances relativement au sexe ; il y en a deux en françois ; *le masculin* que l'on désigne par l'article *le* ou *un* ; comme, *le marbre*, *un marbre* : Et *le féminin* que l'on désigne par l'article *la* ou *une* ; comme, *la plume*, *une plume*.

LE NOMBRE est l'expression de l'unité ou de la pluralité. Il y en a deux ; *le singulier*, quand on ne parle que d'une seule chose ; comme, le *marbre*, la *plume* : & le *pluriel* quand on parle de plusieurs choses ; comme, les *marbres*, les *plumes*.

LES CAS sont les différents rapports d'un nom, c'est-à-dire, les diverses manieres dont une substance peut produire nos idées ; il y en a six ; le *nominatif*, le *génitif*, le *datif*, l'*accusatif* ; le *vocatif* & l'*ablatif*. On donnera, dans la suite, tant leurs définitions, que les règles pour les reconnoître dans le discours.

LES DÉCLINAISONS sont en françois, les différentes manieres de placer les articles devant les noms ; d'où il résulte qu'il y a quatre déclinaisons françoises, dont la premiere emploie *l'article général*, la seconde, *l'article partitif*, la troisieme, *l'article individuel*, & la quatrieme, *l'article* un, une.

❦

Premiere Déclinaison avec l'article général.

SINGULIER.

	Masculin.		*Féminin.*	
Nom-accus.	*le* marbre	*l'*amour	*la* beauté	*l'*amitié
Gen-abl.	*du* marbre	*de l'*amour	*de la* beauté	*de l'*amitié
Datif.	*au* marbre	*à l'*amour	*à la* beauté	*à l'*amitié
Vocatif.	*ô* marbre	*ô* amour	*ô* beauté	*ô* amitié

PLURIEL.

Nom-accus.	*les* marbres	*les* amours	*les* beautés	*les* amitiés
Gen-abl.	*des* marbres	*des* amours	*des* beautés	*des* amitiés
Datif.	*aux* marbres	*aux* amours	*aux* beautés	*aux* amitiés
Voc.	*ô* marbres	*ô* amours	*ô* beautés	*ô* amitiés

Deuxieme Déclinaison avec l'article partitif.

SINGULIER.

	Masculin.		*Féminin.*	
Nom-accus.	*du* marbre	*de l'*amour	*de la* beauté	*de l'*amitié
Gen-abl.	*de* marbre	*d'*amour	*de* beauté	*d'*amitié
Datif.	à *du* marbre	à *de l'*amour	à *de la* beauté	à *de l'*amitié

PLURIEL.

Nom-accus.	*des* marbres	*des* amours	*des* beautés	*des* amitiés
Gen-abl.	*de* marbres	*d'*amours	*de* beautés	*d'*amitiés
Datif.	à *des* marbres	à *des* amours	à *des* beautés	à *des* amitiés

Troisieme Déclinaison avec l'article individuel.

SINGULIER.

	Masculin.		*Féminin.*	
Nom-accus.	César	Alexandre	Didon	Angélique
Gen-abl.	*de* César	d'Alexandre	*de* Didon	d'Angélique
Datif	*à* César	*à* Alexandre	*à* Didon	*à* Angélique
Voc.	*ô* César	*ô* Alexandre	*ô* Didon	*ô* Angélique

Cet article n'a point d'autres terminaisons pour le pluriel.

Quatrieme Déclinaison avec l'article un = une.

SINGULIER.

	Masculin.	*Féminin.*
Nom-accus.	*un* marbre	*une* amitié
Gen-abl	*d'un* marbre	*d'une* amitié
Datif.	*à un* marbre.	*à une* amitié

Cet article n'a point de pluriel.

Quoique toutes ces propriétés soient communes aux noms & aux adjectifs, par la raison de l'accord qui doit toujours régner entre ces deux sortes de mots ; on ne doit pas néanmoins les confondre, soit à cause de la différence essentielle qui résulte de leurs définitions, soit parce que toutes

toutes ces mêmes propriétés ne conviennent point de la même maniere aux noms & aux adjectifs ; en effet un nom ne peut avoir qu'un seul genre, parce qu'il détermine la nature & l'état actuel d'une substance ; mais l'adjectif servant à qualifier toutes sortes de substances, doit être susceptible de tous les genres ; autrement il ne s'accorderoit point avec celles de différents genres qu'il peut qualifier.

CHAPITRE IV.

Des Pronoms.

LES pronoms sont des mots dont on se sert à la place des noms, pour en éviter la trop fréquente répétition, & qui par conséquent sont, comme eux, susceptibles de genres, de nombres, de cas & de déclinaisons.

Il y a six sortes de pronoms ; les *personnels*, le *réfléchi*, les *démonstratifs*, les *possessifs*, les *relatifs*, & les *indéfinis*.

LES PRONOMS PERSONNELS, sont ceux qui tiennent dans le discours, la place des personnes, & comme l'on distingue trois personnes dans les verbes ; il y a pareillement trois pronoms perſonnels ; ſavoir, *je* & *nous* qui expriment les premieres perſonnes du ſingulier & du pluriel : *tu* & *vous* qui expriment les ſecondes perſonnes du ſingulier & du pluriel ; *il*, *elle*, & *ils*, *elles* qui expriment les troiſiemes perſonnes du ſingulier & du pluriel.

Les pronoms perſonnels ſe déclinent au ſingulier & au pluriel avec l'article individuel.

Pronom perſonnel de la premiere perſonne.

	SINGULIER.	PLURIEL.
Nom . .	je *ou* moi	nous.
Gen . . .	*de* moi	*de* nous.
Datif. . .	*à* moi, me	*à* nous, nous.
Accuſ. .	moi, me.	nous.
Vocatif.		
Abl. . . .	*de* moi	*de* nous.

Pronom perſonnel de la ſeconde perſonne.

	SINGULIER.	PLURIEL.
Nom. . .	tu, *ou* toi, ...	vous.
Gen . . .	*de* toi, ...	*de* vous.
Datif. . .	*à* toi, te, ...	*à* vous, vous.
Accuſ. .	toi, te, ...	vous.
Voc. . .	*ô* toi, ...	*ô* vous.
Abl . . .	*de* toi, ...	*de* vous.

Pronom perſonnel de la troiſieme perſonne.

	SINGULIER.	PLURIEL.
Nom . .	il, lui, elle. . .	ils, eux, elles.
Gen. . .	*de* lui, *d'*elle. . .	*d'*eux—*d'*elles.
Dat. . . .	*à* lui, *à* elle, lui.	*à* eux, *à* elles, leur.
Accuſ. . .	lui, elle, le, la	eux, elles, les.
Voc. . . .	. . . .	. . . .
Abl. . .	*de* lui, *d'*elle. . .	*d'*eux, *d'*elles.

LE PRONOM RÉFLÉCHI eſt celui qui tient, dans le diſcours, la place d'une troiſieme perſonne faiſant une action qui s'effectue ſur elle-même. Comme dans cet exemple, *Hercule ſe brûla. Se* eſt pronom réfléchi, parce qu'il tient la place *d'Hercule* faiſant & recevant l'action exprimée par le verbe *brûler.* Ce pronom ſe décline avec l'article individuel de cette maniere.

	SINGULIER.	PLURIEL.
Nom.	. . .	. . . . . .
Gen.	*de* ſoi.	*d'*eux-mêmes, *d'*elles-mêmes.
Datif.	*à* ſoi, ſe.	*à* eux-mêmes, *à* elles-mêmes, ſe.
Accuſ.	ſoi, ſe.	eux-mêmes, elles-mêmes, ſe.
Vocat.	. . .	. . . . .
Abl.	*de* ſoi.	*d'*eux-mêmes, *d'*elles-mêmes.

LE PRONOM DÉMONSTRATIF eſt celui qui ſert

à montrer ou à désigner les substances dont on parle. Comme dans cet exemple, *ce fruit est délicieux.* Les pronoms démonstratifs se déclinent avec l'article individuel.

SINGULIER.

	Masculin.	Féminin.
Nom-acc.	ce, cet, celui.	cette, celle.
Gen-abl.	*de* ce, *de* cet, *de* celui.	*de* cette, *de* celle.
Datif.	*à* ce, *à* cet, *à* celui.	*à* cette, *à* celle.

PLURIEL.

	Masculin.		Féminin.
Nom-acc.	ces, ceux, —	—	celles.
Gen-abl.	*de* ces, *de* ceux.	—	*de* celles.
Datif.	*à* ces, *à* ceux,	—	*à* celles.

LES PRONOMS POSSESSIFS sont ceux qui servent à exprimer la possession des personnes, sur les choses dont on parle ; comme dans cet exemple ; *Pierre m'a prêté son livre. Son* est un pronom possessif, parce qu'il exprime la possession de *Pierre* sur son *livre.*

Ces pronoms se déclinent avec l'article individuel, lorsqu'ils sont joints à des substantifs ;

mais ils ſe déclinent avec l'article général, lorſqu'ils ſont ſeuls.

Pronom poſſeſſif de la premiere perſonne du ſingulier.

SINGULIER.

	Maſculin.	*Féminin.*
Nom-acc.	mon, *le* mien.	ma, *la* mienne.
Gen-abl.	*de* mon, *du* mien.	*de* ma, *de la* mienne.
Datif.	*à* mon, *au* mien.	*à* ma, *à la* mienne.
Vocatif.	*ô* mon, —	*ô* ma.

PLURIEL.

	Maſculin.	*Féminin.*
Nom-acc.	mes, *les* miens.	mes, *les* miennes.
Gen-abl.	*de* mes, *des* miens.	*de* mes, *des* miennes.
Datif.	*à* mes, *aux* miens.	*à* mes, *aux* miennes.
Vocatif.	*ô* mes, —	— *ô* mes.

Les ſuivants ſe déclinent de même.

Pronom poſſeſſif de la 2e. perſ. du ſing. ton, *le* tien, ta, *la* tienne.
Pronom poſſeſſif de la 3e. perſ. du ſing. ſon, *le* ſien, ſa, *la* ſienne.
Pronom poſſeſſif de la 1e. perſ. du plur. notre, *le* nôtre, notre, *la* nôtre.
Pronom poſſeſſif de la 2e. perſ. du plur. votre, *le* vôtre, votre, *la* vôtre.
Pronom poſſeſſif de la 3e. perſ. du plur. leur, *le* leur, leur, *la* leur.

Les Pronoms relatifs sont ceux qui tiennent dans le discours, la place d'une substance, dont on a déjà parlé, & dont on veut expliquer la nature ou les propriétés ; comme dans cet exemple, *le Soleil qui est le principe de la lumiere, dissipe les ténebres*. *Qui* est un *pronom relatif* parce qu'il tient la place du *Soleil*, dont on a parlé précédemment, & dont on explique la nature, en ajoutant *qu'il est le principe de la lumiere.*

Les relatifs se déclinent ordinairement avec l'article individuel, s'ils sont précédés de leur antécédent, & avec l'article général, s'ils en sont suivis. On nomme, *antécédent*, le substantif ou pronom qui précede le relatif & auquel ce dernier se rapporte ; ainsi dans l'exemple précédent, le *Soleil* est *l'antécédent*, parce qu'il précede le relatif *qui*, & que ce relatif se rapporte au *Soleil* dont il tient la place.

Singulier.

	Masculin.		*Féminin.*
Nom.	qui, *le*quel.	— — —	*la*quelle.
Gen.	dont, *de* qui, *du* quel.	—	*de la*quelle.
Dat.	*à* qui, *au*quel.	— — —	*à la*quelle.
Acc.	que, *le*quel.	— — —	*la*quelle.
Abl.	dont, *de* qui, *du* quel.	—	*de la*quelle.

PLURIEL.

	Masculin.	*Féminin.*
Nom.	qui, *les*quels. — — —	*les*quelles.
Gen.	dont, *de* qui, *des*quels. —	*des*quelles.
Dat.	*à* qui, *aux*quels. — — —	*aux*quelles.
Acc.	que, *les*quels. — — —	*les*quelles.
Abl.	dont, *de* qui, *des*quels. —	*des*quelles.

Ces pronoms sont interrogatifs, lorsqu'ils ne se rapportent à aucun antécédent ; alors ils se déclinent seulement avec l'article individuel.

LES PRONOMS INDÉFINIS sont ceux qui ne désignent qu'improprement la substance à laquelle ils sont joints, ou dont ils tiennent la place ; tels sont, *quiconque*, *quelqu'un*, *chacun*, *aucun*, *personne*, *nul*, *tel*, *rien*, *même*, *plusieurs*, *tout*, &c. Tous ces pronoms se déclinent avec l'article individuel.

En & *on* peuvent encore être considérés comme *pronoms indéfinis* ; mais ils sont indéclinables.

Nota. Les pronoms *démonstratifs*, les *possessifs*, les *relatifs* & la plupart des *indéfinis* pourroient être placés à propos dans la classe des adjectifs ; mais j'ai cru devoir suivre ces anciennes dénominations, pour ne point embarrasser ceux qui se destinent à l'étude de la Langue Latine.

CHAPITRE V.

Du Verbe.

ARTICLE PREMIER.

De la nature du Verbe & de ses différentes especes.

Le Verbe eſt un mot qui ſert à exprimer l'exiſtence modifiée d'un ſujet, c'eſt-à-dire, l'exiſtence d'un ſujet & ſon action, paſſion ou qualité; dans dans ces exemples, *Dieu exiſte*, *Dieu lance la foudre*. *Exiſte*, eſt un *verbe*, parce qu'il exprime *l'exiſtence de Dieu*. *Lance* eſt encore un *verbe*, parce qu'il exprime *l'exiſtence* de Dieu & ſon *action* de lancer.

Le verbe peut-être conſidéré, ou par rapport à ſa *nature*, ou par rapport à ſes *propriétés*.

1°. LE VERBE conſidéré par rapport à ſa *nature*, ſe diviſe en verbes *ſubſtantifs* & en verbes *adjectifs*.

Le Verbe substantif eſt celui qui n'exprime que l'exiſtence d'un ſujet indépendamment d'aucune modification; tels ſont en françois, les verbes *être* & *exiſter*.

Les Verbes adjectifs ſont ceux qui expriment l'exiſtence active ou paſſive d'un ſujet, c'eſt-à-dire, l'exiſtence d'un ſujet faiſant ou recevant une action phyſique ou métaphyſique, comme dans ces exemples; *Pierre frappe*, *Pierre eſt frappé* = *Pierre aime*, *Pierre eſt aimé*, dont le ſens eſt, *Pierre exiſte frappant*, *aimant* = *Pierre exiſte frappé*, *aimé*.

On nomme *phyſique* toute action produite par le moyen des organes corporels, comme, *voir*, *entendre*, *parler*, &c. Et *métaphyſique* toute action produite par le moyen des facultés intellectuelles; comme, *réfléchir*, *penſer*, *choiſir*, &c.

Les Verbes adjectifs ſe ſou-diviſent en *actifs*, *paſſifs* & *neutres*.

Le Verbe actif eſt celui qui exprime l'exiſtence d'un ſujet faiſant une action qui s'effectue hors de lui: comme dans cet exemple, *Milon tua Clodius*, *tua* eſt un verbe *actif*, parce qu'il exprime l'exiſtence de *Milon* faiſant l'action exprimée par le verbe *tuer*, laquelle s'effectue ſur *Clodius*.

Le Verbe passif eſt celui qui exprime l'exiſtence d'un ſujet recevant l'effet d'une action produite par un autre ſujet. Comme dans cet exemple, *Clodius fut tué par Milon*, *fut tué* eſt un verbe paſſif, parce qu'il exprime l'exiſtence de *Clodius* recevant l'effet d'une action produite par *Milon*.

LE VERBE NEUTRE eſt celui qui exprime ou l'exiſtence d'un ſujet faiſant une action qui ne s'effectue point hors de lui ; comme, *Pierre Marche*. Ou l'exiſtence & la qualité, ou état d'un ſujet ; comme, *Pierre dort*.

2°. LE VERBE conſidéré par rapport à ſes propriétés, ſe diviſe en *auxiliaire*, *régulier*, *irrégulier*, *réfléchi*, *perſonnel* & *imperſonnel*, &c ; mais avant de définir ces différentes ſortes de verbes, il convient d'expliquer ce qu'on entend par propriétés du verbe.

ARTICLE II.

Des propriétés du Verbe.

LES propriétés du verbe ſont les *perſonnes*, les *modes* ou *mœufs*, les *temps* & les *conjugaiſons*.

LES PERSONNES ſont des noms ſubſtantifs ou des pronoms qui déſignent les ſubſtances dont l'exiſtence eſt exprimée par le verbe.

Il y en a trois ; la premiere qui eſt celle qui

parle, s'exprime au ſingulier par, *je*, & au pluriel par *nous*. Comme, *j'aime*, *nous aimons*. = La ſeconde qui eſt celle à qui l'on parle, s'exprime au ſingulier, par *tu*, & au pluriel, par *vous*; comme, *tu aimes*, *vous aimés*. = Et la troiſieme, qui eſt celle de qui l'on parle, s'exprime au ſingulier, par *il* ou *elle*, & au pluriel, par *ils* ou *elles*, comme, *il* ou *elle aime*, *ils* ou *elles aiment*.

LES MODES *ou* MŒUFS, ſont les différentes manieres dont un verbe peut exprimer l'exiſtence & l'action d'un ſujet. Il y en a quatre; *l'indicatif*, *l'impératif*, le *ſubjonctif* & *l'infinitif*.

L'INDICATIF eſt un mode par lequel un verbe ſignifié, ſans dépendance de ce qui précede dans la phraſe; comme, *j'aime*, *j'aimois*, &c.

L'IMPÉRATIF eſt un mode par lequel un verbe exprime une action commandée, comme, *aime*, *punis*, *reçois*, &c.

LE SUBJONCTIF eſt un mode par lequel un verbe exprime une action avec dépendance de ce qui précede dans la phraſe, comme, *il faut que je parte*.

L'INFINITIF eſt un mode par lequel un verbe exprime une action ſans l'attribuer à aucun ſujet, c'eſt-à-dire, ſans exprimer l'exiſtence d'un ſujet qui la produiſe ; comme, *aimer*, *punir*, *recevoir*, &c.

LES TEMPS ſont les différentes manieres par leſquelles un verbe déſigne à quelle époque on doit rapporter l'action qu'il exprime.

LE MODE INDICATIF renferme onze temps ; ſavoir, le *préſent*, l'*imparfait*, le *parfait défini*, le *parfait indéfini*, le *parfait antérieur défini*, le *parfait antérieur indéfini*, le *pluſque-parfait*, le *futur*, le *futur antérieur*, le *conditionnel préſent* & le *conditionnel paſſé*.

Le préſent exprime une action qui ſe fait au moment où l'on parle ; comme, *j'aime*, *je lis*.

L'imparfait exprime encore une action préſente, mais par rapport à un temps paſſé ; comme, *j'écrivois* lorſque vous êtes entré.

Le Parfait défini exprime une action faite dans un temps entiérement révolu ; comme, *j'écrivois* hier à votre frere.

Le Parfait indéfini déſigne une action faite dans un temps paſſé, mais qui n'eſt pas entiérement révolu ; comme, *j'ai écrit* aujourd'hui à votre frere.

Le Parfait antérieur défini déſigne une action faite avant une autre, dans un temps entiérement révolu ; comme, quand *j'eus écrit* hier cette lettre, je la *fis* partir.

Le Parfait antérieur indéfini exprime une action faite avant une autre, dans un temps passé, mais qui n'est pas entiérement révolu ; comme, (en parlant d'aujourd'hui) après que je lui *ai eu expliqué* vos intentions, je me *suis retiré*.

Le plusque parfait exprime, comme les parfaits antérieurs, une action faite avant une autre, dans un temps passé ; comme, *j'avois terminé* cette affaire, lorsque vous m'écrivîtes ; mais il en differe en ce qu'il exprime toujours l'action principale de la phrase ; au lieu que les parfaits antérieurs n'expriment jamais que des actions incidentes, c'est-à-dire, celles qui ont accompagné l'action principale.

Le futur exprime qu'une action se fera dans un temps à venir ; comme, *j'aimerai*, *j'étudierai*, &c.

Le futur antérieur exprime qu'une action se fera antérieurement à une autre, dans un temps à venir ; comme, quand *j'aurai étudié*, j'irai me promener.

Le conditionnel présent exprime qu'une action se feroit présentement, si une autre avoit lieu ; comme, *je sortirois* si vous le permettiez.

Le conditionnel passé exprime qu'une action auroit été faite dans un temps passé, si une autre avoit eu lieu ; comme, *je serois sorti*, si vous l'eussiez permis.

L'IMPÉRATIF n'a qu'un seul temps qui exprime, avec commandement, une action présente ou future ; comme, *partés* sur le champ, *partés* dès demain.

LE SUBJONCTIF a quatre temps, qui, tous expriment une action avec dépendance de ce qui précede dans la phrase ; savoir le *présent*, *l'imparfait*, le *parfait*, & le *plusque-parfait*.

Le présent marque avec dépendance une action présente ou future ; comme, il importe que je *termine* à l'instant cette affaire, il convient que je *parte* demain.

On se sert de ce temps après le présent & le futur de l'indicatif, lorsque l'on veut exprimer une action présente ou future ; comme, je souhaite que votre frere *arrive*, il convient que je *parte* demain.

L'imparfait exprime avec dépendance une action présente par rapport au passé, ou une action future par rapport à un conditionnel ; comme, je souhaitai que vous *m'écrivissiés*, je desirerois que vous lui *parlassiés*.

On se sert de ce temps, 1° Après le présent & le futur de l'indicatif, lorsque ces derniers expriment le doute ou l'incertitude; comme, je ne crois pas que vous *fissiés* cette action, si elle étoit défendue. 2°. Après le parfait indéfini, si l'on veut exprimer une action présente ou future; comme, j'ai desiré que vous *fussiés* plus heureux. 3°. Après l'imparfait, les parfaits, le plusque-parfait & les conditionnels, lorsqu'on veut exprimer une action présente ou future; comme, je voulois, je voulus, &c. que vous *écrivissiés*.

Le parfait exprime avec dépendance une action faite dans un temps passé; comme, vous supposés qu'il *ait agi* prudemment. D'où il résulte qu'on se sert de ce temps; 1°. Après le présent & le futur de l'indicatif, lorsque l'on veut exprimer une action passée; comme, il suffit, il suffira que vous *ayiés fait* votre possible. 2°. Après l'imparfait & le parfait indéfini; comme, il falloit, il a fallu que vous *ayiés* beaucoup *examiné* cette affaire. —

Le Plusque-parfait exprime, toujours avec dépendance, une action passée, par rapport à une autre aussi passée; comme, il auroit souhaité que vous lui *eussiés écrit*. Conséquemment ce temps est d'usage; 1°. Après le présent & le futur de l'indicatif, lorsque la phrase est conditionnelle; comme, je doute que vous *fussiés parvenu* à cet emploi, si vous *eussiés eu* moins de mérite. 2°. Après l'imparfait, les parfaits, le plusque-parfait, & les conditionnels, si l'on veut exprimer une action passée; comme, je souhaitois, je souhaitai, &c. que vous *m'eussiés écrit.*

L'INFINITIF a cinq temps; savoir, le *présent*, le *passé*, le *participe présent*, le *participe passé* & le *gérondif.*

Le présent exprime une action présente par rapport à l'instant où une autre action se fait; comme, vous m'avés vu, vous me voyés, vous me verrés *jouer.*

Le passé exprime une action passée; comme, il croit *avoir rempli* son devoir.

Le participe présent & le participe passé, expriment une action présente ou passée, en l'attribuant à une substance qu'ils qualifient; comme, Pierre *aimant* l'étude, Pierre *ayant aimé* l'étude.

Le Gérondif exprime une action présente, mais incidente & subordonnée à une autre action; comme, *en étudiant*, on emploie utilement le temps.

M. Restaut remarque très-bien que, quoique le gérondif soit terminé comme le participe pré-sent;

sent ; il est cependant facile de les distinguer, vu que le gérondif peut être toujours précédé de la prépolition *en*, que d'ailleurs il n'exprime qu'une action incidente ; au lieu que les participes marquent toujours dans le discours la qualité ou la maniere d'etre du substantif auquel ils se rapportent.

DES CONJUGAISONS.

Les Conjugaisons sont les diverses manieres d'exprimer les temps & les personnes des verbes, dans chaque mode.

Sur quoi il faut observer que tous les verbes françois, considérés par rapport à la terminaison du présent de leur infinitif, se réduisent à quatre classes générales ou conjugaisons ; dont la premiere comprend les verbes terminés au présent de l'infinitif en *er* ; comme, *aimer*. La seconde, ceux terminés en *ir* ; comme, *affermir*. La troisieme, ceux terminés en *oir* ; comme, *recevoir*. Et la quatrieme, ceux terminés en *re* ; comme, *entendre*.

On donnera ci-après le Tableau de chacune de ces conjugaisons ; mais auparavant il est essentiel de connoître celles des deux verbes auxiliaires *être* & *avoir*, parce qu'ils ſervent à conjuguer les autres verbes.

CONJUGAISON

du Verbe auxiliaire être.

INDICATIF PRÉSENT.

Sing. Je ſuis, tu es, il eſt.
Plur. nous ſommes, vous êtes, ils ſont.

IMPARFAIT.

Sing. j'étois, tu étois, il étoit.
Plur. nous étions, vous étiés, ils étoient.

PARFAIT DÉFINI.

Sing. je fus, tu fus, il fut.
Plur. nous fûmes, vous fûtes, ils furent.

PARFAIT INDÉFINI.

Sing. j'ai été, tu as été, il a été.
Plur. nous avons été, vous avés été, ils ont été.

PARFAIT ANTÉRIEUR DÉFINI.

Sing. j'eus été, tu eus été, il eut été.
Plur. nous eûmes été, vous eûtes été, ils eurent été.

PARFAIT ANTÉRIEUR INDÉFINI.

Sing. j'ai eu été, tu as eu été, il a eu été.
Plur. nous avons eu été, vous avés eu été, ils ont eu été.

PLUSQUE-PARFAIT.

Sing. j'avois été, tu avois été, il avoit été.
Plur. nous avions été, vous aviés été, ils avoient été.

FUTUR.

Sing. je ſerai, tu ſeras, il ſera.
Plur. nous ſerons, vous ſerés, ils ſeront.

FUTUR ANTÉRIEUR.

Sing. j'aurai été, tu auras été, il aura été.
Plur. nous aurons été, vous aurés été, ils auront été.

CONDITIONNEL PRÉSENT.

Sing. je ſerois, tu ſerois, il ſeroit.
Plur. nous ſerions, vous ſeriés, ils ſeroient.

CONDITIONNEL PASSÉ.

Sing. j'aurois été, tu aurois été, il auroit été.
Plur. nous aurions été, vous auriés été, ils auroient été.

IMPÉRATIF.

PRÉSENT OU FUTUR.

Sing. ſois, qu'il ſoit.
Plur. ſoyons, ſoyés, qu'ils ſoient.

SUBJONCTIF.

PRÉSENT.

Sing. que je ſois, que tu ſois, qu'il ſoit.
Plur. que nous ſoyons, que vous ſoyés, qu'ils ſoient.

IMPARFAIT.

Sing. que je fuſſe, que tu fuſſes, qu'il fût.
Plur. que nous fuſſions, que vous fuſſiés, qu'ils fuſſent.

PARFAIT.

Sing. que j'aie été, que tu aies été, qu'il ait été
Plur. que nous ayions été, que vous ayiés été, qu'ils aient été.

PLUSQUE-PARFAIT.

Sing. que j'euſſe été, que tu euſſes été, qu'il eût été.
Plur. que nous euſſions été, que vous euſſiés été, qu'ils euſſent été.

INFINITIF.

PRÉSENT. — — — — être.

PASSÉ. — — — — -- avoir été.

PARTICIPE PRÉSENT ACTIF.— étant.

PARTICIPE PASSÉ ACTIF. — ayant été.

PARTICIPE PRÉSENT PASSIF.— été.

GÉRONDIF. - — — — en étant.

CONJUGAISON.

Du Verbe Auxiliaire avoir.

INDICATIF PRÉSENT.

Sing. j'ai, tu as, il a.
Plur. nous avons, vous avés, ils ont.

IMPARFAIT.

Sing. j'avois, tu avois, il avoit.
Plur. nous avions, vous aviés, ils avoient.

PARFAIT DÉFINI.

Sing. j'eus, tu eus, il eut.
Plur. nous eûmes, vous eûtes, ils eurent.

PARFAIT INDÉFINI.

Sing. j'ai eu, tu as eu, il a eu.
Plur. nous avons eu, vous avés eu, ils ont eu.

PARFAIT ANT. DÉFINI.

Sing. j'eus eu, tu eus eu, il eut eu.
Plur. nous eûmes eu, vous eûtes eu, ils eurent eu.

PARFAIT ANT. INDÉFINI INUSITÉ.

PLUSQUE-PARFAIT.

Sing. j'avois eu, tu avois eu, il avoit eu.
Plur. nous avions eu, vous aviés eu, ils avoient eu.

FUTUR.

Sing. j'aurai, tu auras, il aura.
Plur. nous aurons, vous aurés, ils auront.

FUTUR ANTÉRIEUR.

Sing. j'aurai eu, tu auras eu, il aura eu.
Plur. nous aurons eu, vous aurés eu, ils auront eu.

CONDITIONNEL PRÉSENT.

Sing. j'aurois, tu aurois, il auroit.
Plur. nous aurions, vous auriés, ils auroient.

CONDITIONNEL PASSÉ.

Sing. j'aurois eu, tu aurois eu, il auroit eu.
Plur. nous aurions eu, vous auriés eu, il auroient eu.

IMPÉRATIF.

PRÉSENT ou FUTUR.

Sing. aie, qu'il ait.
Plur. ayons, ayés, qu'ils aient.

SUBJONCTIF PRÉSENT.

Sing. que j'aie, que tu aies, qu'il ait.
Plur. que nous ayions, que vous ayiés, qu'ils aient.

IMPARFAIT.

Sing. que j'euſſe, que tu euſſes, qu'il eût.
Plur. que nous euſſions, que vous euſſiés, qu'ils euſſent.

PARFAIT.

Sing. que j'aie eu, que tu aies eu, qu'il ait eu.
Plur. que nous ayions eu, que vous ayiés eu, qu'ils aient eu.

PLUSQUE-PARFAIT.

Sing. que j'euſſe eu, que tu euſſes eu, qu'il eût eu.
Plur. que nous euſſions eu, que vous euſſiés eu, qu'ils euſſent eu.

INFINITIF.

Présent.— — — —	avoir.
Passé.— — — — —	avoir eu.
Participe present actif.	ayant.
Participe passé actif. —	ayant eu.
Participe présent passif.	eu.
Gerondif. — — — —	en ayant.

PREMIERE CONJUGAISON

Des Verbes Réguliers, terminés au Présent de l'Infinitif en er.

INDICATIF Present.

Sing. j'aime, tu aimes, il aime.
Plur. nous aimons, vous aimés, ils aiment.

Imparfait.

Sing. j'aimois, tu aimois, il aimoit.
Plur. nous aimions, vous aimiés, ils aimoient.

Parfait défini.

Sing. j'aimai, tu aimas, il aima.
Plur. nous aimâmes, vous aimâtes, ils aimerent.

PARFAIT INDÉFINI.

Sing. j'ai aimé, tu as aimé, il a aimé.
Plur. nous avons aimé, vous avés aimé, ils ont aimé.

PARFAIT ANTÉRIEUR DÉFINI.

Sing. j'eus aimé, tu eus aimé, il eut aimé.
Plur. nous eûmes aimé, vous eûtes aimé, ils eurent aimé.

PARFAIT ANT. INDÉFINI.

Sing. j'ai eu aimé, tu as eu aimé, il a eu aimé.
Plur. nous avons eu aimé, vous avés eu aimé, ils ont eu aimé.

PLUSQUE-PARFAIT.

Sing. j'avois aimé, tu avois aimé, il avoit aimé.
Plur. nous avions aimé, vous aviés aimé, ils avoient aimé.

FUTUR.

Sing. j'aimerai, tu aimeras, il aimera.
Plur. nous aimerons, vous aimerés, ils aimeront.

FUTUR ANTERIEUR.

Sing. j'aurai aimé, tu auras aimé, il aura aimé.
Plur. nous aurons aimé, vous aurés aimé, ils auront aimé.

CONDITIONNEL PRESENT.

Sing. j'aimerois, tu aimerois, il aimeroit.
Plur. nous aimerions, vous aimeriés, ils aimeroient.

CONDITIONNEL PASSÉ.

Sing. j'aurois aimé, tu aurois aimé, il auroit aimé.
Plur. nous aurions aimé, vous auriés aimé, ils auroient aimé.

IMPÉRATIF.

PRESENT ou FUTUR.

Sing. aime, qu'il aime.
Plur. aimons, aimés, qu'ils aiment.

SUBJONCTIF.

PRESENT.

Sing. que j'aime, que tu aimes, qu'il aime.
Plur. que nous aimions, que vous aimiés, qu'ils aiment.

IMPARFAIT.

Sing. que j'aimaſſe, que tu aimaſſes, qu'il aimât.
Plur. que nous aimaſſions, que vous aimaſſiés, qu'ils aimaſſent.

PARFAIT.

Sing. que j'aie aimé, que tu aies aimé, qu'il ait aimé.

Plur. que nous ayions aimé, que vous ayiés aimé, qu'ils aient aimé.

PLUSQUE-PARFAIT.

Sing. que j'eusse aimé, que tu eusses aimé, qu'il eût aimé.

Plur. que nous eussions aimé, que vous eussiés aimé, qu'ils eussent aimé.

INFINITIF.

PRESENT. — — — — aimer.

PASSÉ. — — — — avoir aimé.

PARTICIPE PRESENT ACTIF. aimant.

PARTICIPE PASSÉ ACTIF. — ayant aimé.

PARTICIPE PRÉSENT PASSIF. aimé *ou* étant — — — — — — aimé.

PARTICIPE PASSÉ PASSIF. — ayant été aimé.

GERONDIF. — — — en aimant.

⚜

SECONDE CONJUGAISON

Des Verbes Réguliers , terminés au présent de l'Infinitif en ir.

INDICATIF PRESENT.

Sing. j'affermis , tu affermis , il affermit.
Plur. nous affermiſſons, vous affermiſſés, ils affermiſſent.

IMPARFAIT.

Sing. j'affermiſſois , tu affermiſſois , il affermiſſoit.
Plur. nous affermiſſions , vous affermiſſiés , ils affermiſſoient.

PARFAIT DÉFINI.

Sing. j'affermis , tu affermis, il affermit.
Plur. nous affermîmes , vous affermîtes , ils affermirent.

PARFAIT INDÉFINI.

Sing. j'ai affermi , tu as affermi , il a affermi.
Plur. nous avons affermi , vous avés affermi , ils ont affermi.

PARFAIT ANT. DÉFINI.

Sing. j'eus affermi , tu eus affermi , il eut affermi.

Plur. nous eûmes affermi, vous eûtes affermi, ils eurent affermi.

PARFAIT ANT. INDÉFINI.

Sing. j'ai eu affermi, tu as eu affermi, il a eu affermi.

Plur. nous avons eu affermi, vous avés eu affermi, ils ont eu affermi.

PLUSQUE-PARFAIT.

Sing. j'avois affermi, tu avois affermi, il avoit affermi.

Plur. nous avions affermi, vous aviés affermi, ils avoient affermi.

FUTUR.

Sing. j'affermirai, tu affermiras, il affermira.

Plur. nous affermirons, vous affermirés, ils affermiront.

FUTUR ANTÉRIEUR.

Sing. j'aurai affermi, tu auras affermi, il aura affermi.

Plur. nous aurons affermi, vous aurés affermi, ils auront affermi.

CONDITIONNEL PRÉSENT.

Sing. j'affermirois, tu affermirois, il affermiroit,

Plur. nous affermirions, vous affermiriés, ils affermiroient.

CONDITIONNEL PASSÉ.

Sing. j'aurois affermi, tu aurois affermi, il auroit affermi.

Plur. nous aurions affermi, vous auriés affermi, ils auroient affermi.

IMPÉRATIF.

PRÉSENT OU FUTUR.

Sing. affermis, qu'il affermisse.

Plur. affermissons, affermissés, qu'ils affermissent.

SUBJONCTIF PRÉSENT.

Sing. que j'affermisse, que tu affermisses, qu'il affermisse.

Plur. que nous affermissions, que vous affermissiés, qu'ils affermissent.

IMPARFAIT.

Sing. que j'affermisse, que tu affermisses, qu'il affermît.

Plur. que nous affermissions, que vous affermissiés, qu'ils affermissent.

P A R F A I T.

Sing. que j'aie affermi, que tu aies affermi, qu'il ait affermi.

Plur. que nous ayions affermi, que vous ayiés affermi, qu'ils aient affermi.

P L U S Q U E - P A R F A I T.

Sing. que j'eusse affermi, que tu eusses affermi, qu'il eût affermi.

Plur. que nous eussions affermi, que vous eussiés affermi, qu'ils eussent affermi.

INFINITIF.

PRÉSENT. . . . . affermir.

PASSÉ. . . . . avoir affermi.

PARTICIPE PRÉSENT ACTIF . . affermissant.

PARTICIPE PASSÉ ACTIF. . . . ayant affermi.

PARTICIPE PRÉSENT PASSIF . . . . affermi ou étant affermi.

PARTICIPE PASSÉ PASSIF. . ayant été affermi.

GÉRONDIF . . . . . . en affermissant.

TROISIEME CONJUGAISON

Des Verbes Réguliers, terminés au Présent de l'Infinitif en oir.

INDICATIF Présent.

Sing. je reçois, tu reçois, il reçoit.
Plur. nous recevons, vous recevés, ils reçoivent.

Imparfait.

Sing. je recevois, tu recevois, il recevoit.
Plur. nous recevions, vous receviés, ils recevoient.

Parfait défini.

Sing. je reçus, tu reçus, il reçut.
Plur. nous reçûmes, vous reçûtes, ils reçurent.

Parfait indéfini.

Sing. j'ai reçu, tu as reçu, il a reçu.
Plur. nous avons reçu, vous avés reçu, ils ont reçu.

Parfait ant. défini.

Sing. j'eus reçu, tu eus reçu, il eût reçu.
Plur. nous eumes reçu, vous eûtes reçu, ils eurent reçu.

Parfait.

PARFAIT ANT. INDÉFINI.

Sing. j'ai eu reçu, tu as eu reçu, il a eu reçu.
Plur. nous avons eu reçu, vous avés eu reçu, ils ont eu reçu.

PLUSQUE-PARFAIT.

Sing. j'avois reçu, tu avois reçu, il avoit reçu.
Plur. nous avions reçu, vous aviés reçu, ils avoient reçu.

FUTUR.

Sing. je recevrai, tu recevras, il recevra.
Plur. nous recevrons, vous recevrés, ils recevront.

FUTUR ANTÉRIEUR.

Sing. j'aurai reçu, tu auras reçu, il aura reçu.
Plur. nous aurons reçu, vous aurés reçu, ils auront reçu.

CONDITIONNEL PRÉSENT.

Sing. je recevrois, tu recevrois, il recevroit.
Plur. nous recevrions, vous recevriés, ils recevroient.

CONDITIONNEL PASSÉ.

Sing. j'aurois reçu, tu aurois reçu, il auroit reçu.
Plur. nous aurions reçu, vous auriés reçu, ils auroient reçu.

IMPÉRATIF.

Présent ou Futur.

Sing. reçois, qu'il reçoive.
Plur. recevons, recevés, qu'ils reçoivent.

SUBJONCTIF Présent.

Sing. que je reçoive, que tu reçoives, qu'il reçoive.
Plur. que nous recevions, que vous receviés, qu'ils reçoivent.

Imparfait.

Sing. que je reçusse, que tu reçusses, qu'il reçût.
Plur. que nous reçussions, que vous reçussiés, qu'ils reçussent.

Parfait.

Sing. que j'aie reçu, que tu aies reçu, qu'il ait reçu.
Plur. que nous ayions reçu, que vous ayiés reçu, qu'ils aient reçu.

Plusque-parfait.

Sing. que j'eusse reçu, que tu eusses reçu, qu'il eut reçu.
Plur. que nous eussions reçu, que vous eussiés reçu, qu'ils eussent reçu.

INFINITIF.

PRÉSENT. — — — — recevoir.
PASSÉ. — — — — avoir reçu.
PARTICIPE PRÉSENT ACTIF. recevant.
PARTICIPE PASSÉ ACTIF. — ayant reçu.
PARTICIPE PRÉSENT PASSIF. reçu *ou* étant
— — — — — — — —reçu.
PARTICIPE PASSÉ PASSIF. — ayant été reçu.
GÉRONDIF.— — — en recevant.

QUATRIEME CONJUGAISON.

Des Verbes Réguliers, terminés au Présent de l'Infinitif en re.

INDICATIF PRÉSENT.

Sing. j'entends, tu entends, il entend.
Plur. nous entendóns, vous entendés, ils entendent.

IMPARFAIT.

Sing. j'entendois, tu entendois, il entendoit.
Plur. nous entendions, vous entendiés, ils entendoient.

PARFAIT DÉFINI.

Sing. j'entendis, tu entendis, il entendit.

Plur. nous entendîmes, vous entendîtes, ils entendirent.

PARFAIT INDÉFINI.

Sing. j'ai entendu, tu as entendu, il a entendu.

Plur. nous avons entendu; vous avés entendu, ils ont entendu.

PARFAIT ANTÉRIEUR DÉFINI.

Sing. j'eus entendu, tu eus entendu, il eut entendu.

Plur. nous eûmes entendu, vous eûtes entendu, ils eurent entendu.

PARFAIT ANTÉRIEUR INDÉFINI.

Sing. j'ai eu entendu, tu as eu entendu, il a eu entendu.

Plur. nous avons eu entendu, vous avés eu entendu, ils ont eu entendu.

PLUSQUE-PARFAIT.

Sing. j'avois entendu, tu avois entendu, il avoit entendu.

Plur. nous avions entendu, vous aviés entendu, ils avoient entendu.

FUTUR.

Sing. j'entendrai, tu entendras, il entendra.

Plur. nous entendrons, vous entendrés, ils entendront.

FUTUR ANTÉRIEUR.

Sing. j'aurai entendu, tu auras entendu, il aura entendu.

Plur. nous aurons entendu, vous aurés entendu, ils auront entendu.

CONDITIONNEL PRESENT.

Sing. j'entendrois, tu entendrois, il entendroit.
Plur. nous entendrions, vous entendriés, ils entendroient.

CONDITIONNEL PASSÉ.

Sing. j'aurois entendu, tu aurois entendu, il auroit entendu.

Plur. nous aurions entendu, vous auriés entendu, ils auroient entendu.

IMPÉRATIF.

PRESENT ou FUTUR.

Sing. entends, qu'il entende
Plur. entendons, entendés, qu'ils entendent.

SUBJONCTIF PRÉSENT.

Sing. que j'entende, que tu entendes, qu'il entende,

Plur. que nous entendions, que vous entendiés, qu'ils entendent.

IMPARFAIT.

Sing. que j'entendiſſe, que tu entendiſſes, qu'il entendît.

Plur. que nous entendiſſions, que vous entendiſſiés, qu'ils entendiſſent.

PARFAIT.

Sing. que j'aie entendu, que tu aies entendu, qu'il ait entendu.

Plur. que nous ayions enténdu, que vous ayiés entendu, qu'ils aient entendu.

PLUSQUE-PARFAIT.

Sing. que j'euſſe entendu, que tu euſſes entendu, qu'il eut entendu.

Plur. que nous euſſions entendu, que vous euſſiés entendu, qu'ils euſſent entendu.

INFINITIF.

PRÉSENT. . . . . entendre.

PASSÉ. . . . . avoir entendu.

PARTICIPE PRÉSENT ACTIF. entendant.

PARTICIPE PASSÉ ACTIF. . ayant entendu.

PARTICIPE PRÉSENT PASSIF. entendu *ou*

. . . . étant entendu.

PARTICIPE PASSÉ PASSIF . ayant été entendu.

GÉRONDIF. . . . . en entendant.

ARTICLE III.

Du Verbe considéré par rapport à ses propriétés.

On a observé dans l'article précédent, que les propriétés du verbe sont les personnes, les modes, les temps & les conjugaisons; mais ces propriétés ne se rencontrent pas de la même maniere dans tous les verbes; aussi les conjugaisons précédentes ne suffisent-elles pas pour toutes leurs différentes especes; en effet quelques-uns n'ont pas toutes les personnes, tous les modes ou tous les temps dont on a parlé, & parmi ceux qui les ont, plusieurs ne suivent pas les mêmes terminaisons. C'est donc pour applanir ces difficultés que je propose la division du verbe considéré par rapport à ses propriétés ou conjugaisons.

Cette division offre nécessairement neuf sortes de verbes; qui sont, le *régulier*, l'*irrégulier*, l'*actif*, le *passif*, le *neutre*, le *réfléchi*, le *réciproque*, *l'impersonnel* & le *défectueux*; qui tous se conjuguent différemment, ainsi qu'on l'observera par les principes suivants, relatifs à chaque espece particuliere.

CONJUGAISONS

Des Verbes réguliers & irréguliers.

LE VERBE RÉGULIER eſt celui dont la conjugaiſon convient non-ſeulement à ſes compoſés; mais encore à pluſieurs autres verbes de la même terminaiſon; tels ſont, *aimer*, dans la premiere conjugaiſon; *affermir*, dans la ſeconde; *recevoir* dans la troiſieme, & *entendre* dans la quatrieme.

LE VERBE IRRÉGULIER eſt celui dont la conjugaiſon ne peut convenir qu'à ſes compoſés; comme, *voir*, *prendre*, &c.

Pour concevoir ce qui caractériſe particuliérement ces deux ſortes de verbes, de même que les autres eſpeces dont on a fait mention; il faut ſavoir que les temps des verbes ſe diviſent en temps *ſimples*, *compoſés* & *ſurcompoſés*.

LES TEMPS SIMPLES ſont ceux qui s'expriment par un ſeul mot précédé du pronom perſonnel; comme, *j'aime*, *j'aimois*, &c.

Il y en a dix dans les verbes actifs; qui ſont dans *l'indicatif*, le préſent, l'imparfait, le parfait défini, le futur, & le conditionnel préſent; dans *l'impératif*, le préſent ou futur; dans le *ſubjonc-*

tif, le préſent & l'imparfait ; dans *l'infinitif*, le préſent & le participe préſent ; & un dans les verbes paſſifs, qui eſt le participe préſent.

LES TEMPS COMPOSÉS ſont ceux qui ſont conjugués, avec les temps ſimples des verbes auxiliaires *être* ou *avoir* ; comme je *ſuis aimé*, *j'ai aimé*. Il y en a dix dans les verbes actifs ; ſavoir dans l'*indicatif*, le parfait indéfini, le parfait antérieur défini, le pluſque-parfait, le futur antérieur & le conditionnel paſſé ; dans le *ſubjonctif* le parfait & le pluſque-parfait ; dans *l'infinitif*, le paſſé & le participe paſſé.

Et pareillement dix dans les verbes paſſifs, qui ſont dans l'*indicatif*, le préſent, l'imparfait, le parfait défini, le futur, & le conditionnel préſent ; dans l'*impératif*, le préſent ou futur ; dans le *ſubjonctif*, le préſent & l'imparfait ; dans *l'infinitif*, le préſent & le participe préſent.

LES TEMPS SURCOMPOSÉS ſont ceux qui ſe conjuguent avec les temps compoſés des verbes auxiliaires *être* ou *avoir* ; comme, *j'ai eu aimé*, *j'ai été aimé*.

Il n'y en a qu'un dans les verbes actifs qui eſt le parfait antérieur indéfini.

Mais il y en a dix dans les verbes paſſifs ; ſavoir, dans l'*indicatif*, le parfait indéfini, le parfait antérieur défini, le parfait antérieur indéfini, le plusque-parfait, le futur antérieur, & le conditionnel passé; dans le *subjonctif* le parfait & le plusque-parfait; enfin dans l'*infinitif*, le passé & le participe passé.

Cette distinction des temps simples, composés & surcomposés, est d'autant plus importante, qu'on ne peut sans elle, établir la différence qui se trouve entre les verbes réguliers & les irréguliers; car un verbe est régulier, lorsque la formation de ses temps simples se rapporte à celle de l'un des verbes que l'on donnera ci-après, pour modele; & dans le cas contraire, il est irrégulier. Par conséquent *adorer* est régulier de la premiere conjugaison, parce que la formation de ses temps simples se rapporte à celle des verbes réguliers de la même conjugaison.

Il est donc à propos d'expliquer comment se forment les temps simples, tant des verbes réguliers que des irréguliers, dans chaque conjugaison, & c'est à quoi l'on va satisfaire.

FORMATION DES TEMPS SIMPLES
Des Verbes Réguliers de la pre. Conjugaison.

Les temps simples des verbes réguliers de la premiere conjugaison se forment du présent de l'infinitif

en changeant *er*.

Pour le présent de l'indicatif en. . *e* . . . . j'aim-*e*.
Pour l'imparfait en. . . . . *ois* . . . j'aim-*ois*.
Pour le parfait défini en. . . . . *ai*. . . . j'aim-*ai*.
Pour le futur en . . . . *erai*. . j'aim-*erai*.
Pour le conditionnel présent en. *erois*. j'aim-*erois*.
Pour l'impératif en. . . . . *e*. . . . aim-*e*.
Pour le présent du subjonctif en *e*. . que j'aim-*e*.
pour l'imparfait en. . . . . . . *asse* que j'aim-*asse*.
Pour le participe présent actif en *ant*. . . aim-*ant*.
Pour le participe présent passif en *é*. . . . aim-*é*.

Verbes irréguliers de la premiere Conjugaison.

Cette conjugaison n'a que trois verbes irréguliers, qui sont *aller*, *puer* & *envoyer*, dont les temps simples ne peuvent se conjuguer sur ceux du verbe, *aimer*.

ALLER.

Indicatif Présent.

je vais *ou* je vas, tu vas, il va.
nous allons, vous allés, ils vont.

Imparfait.

j'allois, tu allois, *&c.*

Parfait ant. défini.

j'allai, tu allas, *&c.*

Futur.

j'irai, tu iras, *&c.*

Conditionnel présent.

j'irois, tu irois, *&c.*

IMPÉRATIF.

vas, qu'il aille.
allons, allés, qu'ils aillent.

SUBJONCTIF Présent.

que j'aille, *&c.*

Imparfait.

que j'allasse, *&c.*

Infinitif présent.

aller.

PARTICIPE PRÉSENT ACTIF.

allant.

PARTICIPE PRÉSENT PASSIF.

allé.

PUER.

INDICATIF PRÉSENT.

je pus, tu pus, il put.
nous puons, vous pués, ils puent.

Ce verbe eſt régulier dans tous les autres temps ſimples.

ENVOYER.

Ce verbe n'eſt régulier qu'au

FUTUR. . . . . j'enverrai.
ET AU CONDITIONNEL PRÉSENT. j'enverrois.

FORMATION DES TEMPS SIMPLES

Des Verbes Réguliers de la 2ᵉ. Conjugaiſon.

Cette conjugaiſon a quatre Claſſes de verbes réguliers, dont la premiere comprend ceux terminés au préſent de l'infinitif en *ir*; comme, *affermir*; la ſeconde, ceux qui perdent à la premiere perſonne du préſent de l'indicatif, la conſonne qui précède *ir* à l'infinitif; comme, *ſentir*, je *ſens*, *dormir*, je *dors*, &c. La troiſieme, ceux dont l'infinitif préſent eſt terminé en *enir*; comme, *tenir*; & la quatrieme, ceux dont l'infinitif eſt terminé en *rir*; comme, *ſouffrir*.

PREMIERE CLASSE.

Les temps ſimples des verbes réguliers de la premiere Claſſe ſe forment du préſent de l'infinitif, en changeant *ir*.

Pour l'ind. preſ. l'Imparfait. le Parfait défini. le Futur. le Cond. préſ.
En-j'afferm-*is*-j'afferm-*iſſois*-- j'afferm-*is*---- j'afferm-*irai*--- j'afferm-*irois*-
Pour l'Impér.- le Subj. préſ.-- l'Imparfait.--- le part. préſ. act. le part préſ. paſ.
En afferm-*is*--- que j'afferm-*iſſe*-que j'afferm-*iſſe*-afferm-*iſſant*----afferm-*i*.-----

SECONDE CLASSE.

Les temps ſimples des verbes de la ſeconde Claſſe, ſe forment du préſent de l'infinitif, en changeant *ir* & la conſonne précédente.

Pour l'Ind préſ. l'Imparfait. le parfait défini. le Futur. le Cond. préſ.
En - je ſen-*s* je ſen-*tois*---- je ſen-*tis*----- je ſen-*tirai*---- je ſen-*tirois* ---
Pour l'Imper.-le Subj. préſ.-- l'Imparfait---- le part prés. acti. le part. prél. paſ.
En-ſen-*s*---- que je ſen-*te*-- que je ſen-*tiſſe*- ſen-*tant*------ ſen-*ti*-------

TROISIEME CLASSE.

Les temps ſimples des verbes réguliers de la troiſieme Claſſe, ſe forment du préſent de l'infinitif, en changeant *enir*.

Pour l'Ind. préſ. l'Imparfait-- le parfait défini. le Futur. le Cond préſ.
En-je t-*iens*--- je t-*enois*---- je t-*ins*------- je t-*iendrai*-- je t-*iendrois*----
Pour l'Impér.- le Subj. preſ l'Imparfait--- le part-préſ. actif le part. préſ passif.
En-t-*iens*---- que je t-*ienne*. que je t-*inſſe*-- t-*enant* -------t-*enu*.

Excepté le verbe *benir*, qui quoique terminé en *enir*, ſe conjugue ſur la premiere Claſſe.

QUATRIEME CLASSE.

Les temps ſimples des verbes réguliers de la quatrieme Claſſe, ſe forment du préſent de l'infinitif, en changeant *rir*.

Pour l'Ind. préſ.	l'Imparfait.	le parf. défini.	le Futur.	le Cond. préſ.
En -- je ſouff-*re*-	je ſouff-*rois*--	je ſouff-*ris*---	je ſouff-*irai*--	je ſouff-*rirois*.
Pour l'Impér.--	le Subj. préſ.-	l'Imparfait.	le part. préſ. act f.	le part. préſ. paſſif.
En- ſouff-*re* --	que je ſouff-*re*	que je ſouff-*riſſe*.	ſouff-*rant*- - -	ſouff-*ert*.

Excepté *appauvrir*, qui quoique terminé en *rir*, eſt de la premiere Claſſe.

VERBES IRRÉGULIERS

De la ſeconde Conjugaiſon.

Cette conjugaiſon a huit verbes irréguliers, non compris leurs compoſés, dont les temps ſimples ſe forment de la même maniere; ſavoir.

COURIR

Et ſes compoſés; comme, ſecourir, &c.

Je cours, je courois, je courus, je courrai, je courrois, cours, que je coure, que je couruſſe, courant, couru.

CUEILLIR

Et ſes compoſés; comme, recueillir, &c.

Je cueille, je cueillois, je cueillis, je cueille

rai, je cueillerois, cueille, que je cueille, que je cueillisse, cueillant, cueilli.

FUIR.

Je fuis, je fuyois, je fuis, je fuirai, je fuirois, fuis, que je fuie, que je fuisse, fuyant, fui.

HAIR.

Je hais, je haïssois, je haïs, je haïrai, je haïrois, hais, que je haïsse, que je haïsse, haïssant, haï.

MOURIR.

Je meurs, je mourois, je mourus, je mourrai, je mourrois, meurs, que je meure, que je mourusse, mourant, mort.

QUERIR,

Défectueux, mais ses composés ont tous leurs temps simples; comme, acquérir.

J'acquiers, j'acquérois, j'acquis, j'acquerrai, j'acquerrois, acquiers, que j'acquiere, que j'acquisse, acquérant, acquis.

SAILLIR.

Et ses composés; comme, tressaillir.

Je saille, je saillois, je saillis, je saillerai, ou saillirai

ſaillirai, je ſaillerois, ou ſaillirois, ſaille, que je ſaille, que je ſailliſſe, ſaillant, ſailli.

Ce verbe qui ſignifie *déborder* ou *s'avancer en dehors*, n'eſt d'uſage qu'aux troiſiemes perſonnes, & l'on n'a indiqué les premieres perſonnes, que pour faciliter la conjugaiſon de ſes composés.

VÊTIR

Et ſes compoſés ; comme, revêtir.

Je vêts, je vêtois, je vêtis, je vêtirai, je vêtirois, vêts, que je vête, que je vêtiſſe, vêtant, vêtu.

FORMATION DES TEMPS SIMPLES

Des verbes Réguliers de la troiſieme Conjugaiſon.

La troiſieme conjugaiſon n'a qu'une claſſe de verbes réguliers, qui comprend tous ceux terminés au préſent de l'infinitif en *evoir* ; comme, *recevoir*, & leurs temps ſimples ſe forment du préſent de l'infinitif, en changeant *evoir*.

Pour l'Ind. préſ.	l'Imparfait.	le Parfait d. f.	le Futur.	le Cond. préſ.
En je reç-ois-	je rec-evois---	je reç-us---	je rec-evrai--	je rec-evrois--
Pour l'Impér.—	le Subj. préſ.--	l'Imparfait.	le part. préſ. actif.	le part. préſ. paſſ.
En reç-ois---	que je reç-oive	que je reç-uſſe-	rec-evant------	reç-u.

VERBES IRRÉGULIERS.

De la troisieme Conjugaison.

Cette conjugaiſon a pareillement huit verbes irréguliers, non compris leurs composés ; ſavoir.

MOUVOIR

& ſes composés ; comme, émouvoir.

Je meus, je mouvois, je mus, je mouvrai, je mouvrois, meus, que je meuve, que je mûſſe, mouvant, mu.

POUVOIR.

Je puis ou je peux, je pouvois, je pûs, je pourrai, je pourrois (*point d'impératif*) que je puiſſe, que je puſſe, pouvant, pu.

SAVOIR.

Je ſais, je ſavois, je ſûs, je ſaurai, je ſaurois, ſache, que je ſache, que je ſuſſe, ſachant, ſu.

SEOIR.

Et ſes composés ; comme, aſſeoir *ou* s'aſſeoir.

Je m'aſſieds, je m'aſſeyois, je m'aſſis, je m'aſſeyerai *ou* je m'aſſierai, je m'aſſeyerois *ou* je m'aſſierois, aſſieds-toi, que je m'aſſeye, que je m'aſ-ſiſſe, s'aſſeyant, aſſis.

VALOIR

Et ſes composés ; comme, prévaloir.

Je vaus, je valois, je valus, je vaudrai, je vaudrois, (*ſans impératif*), que je vaille, que je valuſſe, valant, valu.

VOIR.

Et ſes ſeuls composés, revoir & entrevoir.

Je vois, je voyois, je vis, je verrai, je verrois, vois, que je voie, que je viſſe, voyant, vu.

POURVOIR.

Je pourvois, je pourvoyois, je pourvus, je pourvoirai, je pourvoirois, pourvois, que je pourvoie, que je pourvûſſe, pourvoyant, pourvu.

VOULOIR.

Je veux, je voulois, je voulus, je voudrai, je voudrois, (*point d'impératif*), que je veuille, que je vouluſſe, voulant, voulu.

FORMATION DES TEMPS SIMPLES

Des verbes Réguliers de la 4e. Conjugaiſon.

La quatrieme conjugaiſon a cinq claſſes de verbes réguliers, la premiere comprend les verbes terminés au préſent de l'infinitif en *dre*; comme, *entendre*. La ſeconde, ceux terminés en *indre*, comme, *craindre*. La troiſieme, ceux terminés en *aire*; comme, *plaire*; la quatrieme, ceux terminés en *uire*; comme, *produire*. Et la cinquieme, ceux terminés en *oitre* ou *aître*, comme, *repaître*.

PREMIERE CLASSE.

Les Verbes Réguliers de la premiere Claſſe, forment leurs temps ſimples du préſent de l'infinitif, en changeant *dre*.

Pour l'ind. préſ.	l'Imparfait.	le parfait défini.	le Futur.	le Cond. préſ.
En j'enten-*ds*.	j'enten-*dois*	j'enten-*dis*.	j'enten-*drai*	j'enten-*drois*
Pour l'Impér.	le Subj. préſ.	l'Imparfait	le part. préſ. actif.	le part. préſ. paſſif.
En enten-*ds*	que j'enten-*de*	que j'enten-*diſſe*	entend-*ant*	enten-*du*

SECONDE CLASSE.

Les temps ſimples des verbes réguliers de cette Claſſe, ſe forment du préſent de l'infinitif, en changeant *indre*.

Pour l'Ind préſ.	l'Imparfait.	le parfait défini.	le Futur.	le Cond préſ.
En je cra-*ins*	je cra-*ignois*	je cra-*ignis*	je cra-*indrai*	je cra-*indrois*.
Pour l'Impér.	le Subj. préſ.	l'Imparfait	le part. préſ. actif	le part. préſ. paſſif.
En cra-*ins*	que je cra-[illegible]	que je cra-*igniſſe*	cra-*ignant*	cra-*int*.

TROISIÉME CLASSE.

Les temps ſimples des verbes de cette Claſſe, ſe forment du préſent de l'infinitif, en changeant *aire*.

Pour l'Ind. préf.	l'Imparfait.	le parf. défini.	le Futur.	le Cond. préf.
En je pl-*ais*	je pl-*aisois*	je pl-*us*	je pl-*airai*	je pl-*airois*.
Pour l'Impér.	le Subj. préf.	l'Imparfait	le part. préf. actif.	le part. préf. passif.
En pl-*ais*	que je pl-*aise*	que je pl-*usse*.	pl-*aisant*	pl-*u*.

QUATRIEME CLASSE.

Les Verbes réguliers de la quatrieme Claſſe, forment leurs temps ſimples du préſent de l'infinitif, en changeant *uire*.

Pour l'Ind. préf.	l'Imparfait	le parf. defini.	le Futur.	le Cond. préf.
En je prod-*uis*.	je prod-*uisois*	je prod-*uisis*.	je prod-*uirai*.	je prod-*uirois*.
Pour l'Impér.	le Subj. préf.	l'Imparfait.	le part. préf. actif.	le part. préf. passif.
En prod-*uis*.	que je prod-*uise*.	que je prod*uisisse*.	prod-*uisant*.	prod-*uit*.

CINQUIEME CLASSE.

Les verbes réguliers de la cinquieme Claſſe, forment leurs temps ſimples du préſent de l'infinitif, en changeant *oitre* ou *aitre*.

Pour l'Ind. préf.	l'Imparfait.	le parfait défini.	le Futur.	le Cond. préf.
En je rep-*ais*	je rep-*aissois*	je rep-*us*	je rep-*aitrai*.	je rep-*aitrois*.
Pour l'Impér.	le Subj. préf.	l'Imparfait.	le part. préf. actif.	le part. préf. passif.
En rep-*ais*	que je rep-*aisse*	que je rep-*usse*	rep-*aissant*.	rep-*u*.

VERBES IRRÉGULIERS
de la quatrieme Conjugaison.

BATTRE
Et ses composés ; comme, combattre.

Je bats, je battois, je battis, je battrai, je battrois, bats, que je batte, que je battiſſe, battant, battu.

BOIRE.

Je bois, je buvois, je bus, je boirai, je boirois, bois, que je boive, que je buſſe, buvant, bu.

CONCLURE & EXCLURE.

Je conclus, je concluois, je conclûs, je conclurai, je conclurois, conclus, que je conclue, que je concluſſe, concluant, conclu.

CONFIRE.

Je confis, je confiſois, je confis, je confirai, je confirois, confis, que je confiſe, que je confîſſe, confiſant, confit.

COUDRE.
Et ses composés ; comme, découdre.

Je couds, je couſois, je couſis, je coudrai,

je coudrois, couds, que je couse, que je cousisse, cousant, cousu.

CROIRE.

Je crois, je croyois, je crus, je croirai, je croirois, crois, que je croie, que je crusse, croyant, cru.

DIRE & REDIRE.

Je dis, je disois, je dis, je dirai, je dirois, dis, que je dise, que je disse, disant, dit.

Les autres composés de *dire*, comme, *contredire*, *médire*, *dédire*, *interdire*, *prédire*, suivent la même conjugaison, excepté qu'ils font à la seconde personne du pluriel du présent de l'indicatif, vous *contredisés*, vous *médisés*, &c.

Circoncire - se conjugue comme *dire*, excepté qu'il fait au participe présent passif, *circoncis*.

MAUDIRE.

Je maudis, je maudissois, je maudis, je maudirai, je maudirois, maudis, que je maudisse, que je maudîsse, maudissant, maudit.

ÉCRIRE.

Et tous les composés de crire.

J'écris, j'écrivois, j'écrivis, j'écrirai, j'écrirois, écris, que j'écrive, que j'écrivisse, écrivant, écrit.

FAIRE

Et ses composés ; comme, satisfaire.

Je fais, je faisois, je fis, je ferai, je ferois, fais, que je fasse, que je fisse, faisant, fait.

LIRE.

Je lis, je lisois, je lus, je lirai, je lirois, lis, que je lise, que je lusse, lisant, lu.

LUIRE & NUIRE.

Je luis, je luisois, je luisis, je luirai, je luirois, luis, que je luise, que je luisisse, luisant, lui.

METTRE

Et ses composés ; comme, promettre.

Je mets, je mettois, je mis, je mettrai, je mettrois, mets, que je mette, que je misse, mettant, mis.

MOUDRE.

Je mouds, je moulois, je moulus, je moudrai, je moudrois, mouds, que je moule, que je moulusse, moulant, moulu.

NAITRE.

Je nais, je naissois, je nâquis, je naîtrai, je naîtrois, nais, que je naisse, que je nâquisse, naissant, né.

PRENDRE

Et ses composés ; comme, comprendre.

Je prends, je prenois, je pris, je prendrai, je prendrois, prends, que je prenne, que prisse, prenant, pris.

RIRE

Et ses composés ; comme, sourire.

Je ris, je riois, je ris, je rirai, je rirois, ris, que je rie, que je risse, riant, ri.

ROMPRE

Et ses composés ; comme, corrompre.

Je romps, je rompois, je rompis, je romprai, je rompois, romps, que je rompe, que je rompisse, rompant, rompu.

SUFFIRE.

Je suffis, je suffisois, je suffis, je suffirai, je suffirois, suffis, que je suffise, que je suffisse, suffisant, suffi.

SUIVRE

Et ſes compoſés ; comme, pourſuivre.

Je ſuis, je ſuivois, je ſuivis, je ſuivrai, je ſuivrois, ſuis, que je ſuive, que je ſuiviſſe, ſuivant, ſuivi.

TRAIRE.

Je trais, je trayois, je trayai, je trairai, je trairois, trais, que je traie, que je trayaſſe, trayant, trait.

VAINCRE

Et ſes compoſés ; comme, convaincre.

Je vaincs, tu vaincs, il vainc, nous vainquons, &c., je vainquois, je vainquis, je vaincrai, je vaincrois, vaincs, que je vainque, que je vainquiſſe, vainquant, vaincu : en obſervant de changer la lettre *c* en *q*, devant les voyelles, excepté au participe préſent paſſif.

VIVRE

Et ſes compoſés ; comme, ſurvivre.

Je vis, je vivois, je vécus, je vivrai, je vivrois, vis, que je vive, que je vécuſſe, vivant, vécu.

ABSOUDRE & DISSOUDRE,

Se conjuguent, comme, réſoudre.

Réſoudre *ſignifiant décider une difficulté.*

Je réſous, tu réſous, il réſoud. Nous réſolvons, vous réſolvés, ils réſolvent, je réſolvois, je réſolvai, je réſoudrai, je réſoudrois, réſous, que je réſolve, que je réſolvaſſe, réſolvant, réſous.

Réſoudre *ſignifiant prendre une réſolution.*

Je réſous, je réſolvois, je réſolus, je réſoudrai, je réſoudrois, réſous, que je réſolve, que je réſoluſſe, réſolvant, réſolu.

CONJUGAISONS

Des Verbes actifs.

Les verbes actifs, conſidérés par rapport à leurs conjugaiſons, offrent des temps ſimples, compoſés & ſurcompoſés.

Pour la conjugaiſon de leurs temps ſimples, on obſervera s'ils ſont réguliers ou irréguliers, & l'on ſe conformera dans l'un & dans l'autre cas, aux principes ci-dessus, concernant la formation des temps simples.

Quant aux temps composés & surcomposés des verbes actifs, ils se conjuguent toujours avec l'auxiliaire, *avoir*; ainsi que l'on va l'expliquer.

FORMATION DES TEMPS COMPOSÉS ET SURCOMPOSÉS

Des Verbes actifs,

Le Tableau suivant de la formation des temps composés & surcomposés du verbe *aimer*, servira pour conjuguer ceux des autres verbes actifs, qui tous suivent les mêmes principes.

Dénominations des temps composés & surcomposés du verbe aimer.	*Leurs formations.*	*Leurs conjugaisons.*
Le Parf. indéf.	Est composé du présent de l'indicatif du verbe, *avoir*.	j'ai
	Et du participe présent passif du verbe, *aimer*.	aimé.

Dénominations des temps composés & surcomposés du verbe aimer.	*Leurs formations.*	*Leurs conjugaisons.*
Le Parf. ant. déf.	Est composé du parf. défini du verbe *avoir*.	j'eus
	Et du participe présent passif du verbe *aimer*	aimé.
Le Parf. ant. ind.	Est composé du parf. indéfini du verbe *avoir*.	j'ai eu
	Et du même participe.	aimé.
Le Plusque-parf.	Est composé de l'imparfait de l'indicatif du verbe *avoir*. . . .	j'avois
	Et du même participe.	aimé.
Le Futur ant.	Est composé du futur du verbe *avoir*. . . .	j'aurai
	Et du même participe.	aimé.
Le Condition. pas.	Est composé du conditionnel présent du verbe *avoir*.	j'aurois
	Et du même participe.	aimé.

Dénominations des temps composés & surcomposés du verbe aimer.	*Leurs formations.*	*Leurs conjugaisons.*
Le Parf. du Subj.	Est composé du présent du Subjonctif du verbe *avoir*. . . . Et du même participe.	que j'aie aimé.
Le Plusque-Parfait du Subjonc.	Est composé de l'imparfait du Subjonctif du verbe *avoir*. . . Et du même participe.	que j'eusse aimé.
Le Passé de l'inf.	Est composé du présent de l'infinitif du verbe *avoir*. . . . . Et du même participe.	avoir aimé.
Le Part. paf. actif.	Est composé du participe présent actif du verbe *avoir*. . . . Et du participe présent passif du verbe *aimer*.	ayant aimé.

CONJUGAISONS.

Des Verbes passifs.

LES VERBES PASSIFS considérés par rapport à leurs conjugaisons, n'offrent que des temps composés & surcomposés, qui tous se conjuguent avec l'auxiliaire *être;* voyez la conjugaison suivante du verbe passif, *être aimé.*

CONJUGAISON

D'un verbe passif.

INDICATIF PRÉSENT.

Sing. je suis aimé, tu es aimé, il est aimé.
Plur. nous sommes aimés, vous êtes aimés, ils sont aimés.

IMPARFAIT.

Sing. j'étois aimé, tu étois aimé, il étoit aimé.
Plur. nous étions aimés, vous étiés aimés, ils étoient aimés.

PARFAIT DÉFINI.

Sing. je fus aimé, tu fus aimé, il fut aimé.
Plur. nous fûmes aimés, vous fûtes aimés, ils furent aimés.

PARFAIT INDÉFINI.

Sing. j'ai été aimé, tu as été aimé, il a été aimé.
Plur. nous avons été aimés, vous avés été aimés, ils ont été aimés.

PARFAIT ANT. DÉFINI.

Sing. j'eus été aimé, tu eus été aimé, il eut été aimé.
Plur. nous eûmes été aimés, vous eûtes été aimés, ils eurent été aimés.

PARFAIT ANT. INDÉFINI.

Sing. j'ai eu été aimé, tu as eu été aimé, il a eu été aimé.
Plur. nous avons eu été aimés, vous avés eu été aimés, ils ont eu été aimés.

PLUSQUE-PARFAIT.

Sing. j'avois été aimé, tu avois été aimé, il avoit été aimé.
Plur. nous avions été aimés, vous aviés été aimés, ils avoient été aimés.

FUTUR.

Sing. je ſerai aimé, tu ſeras aimé, il ſera aimé.
Plur. nous ſerons aimés, vous ſerés aimés, ils ſeront aimés.

FUTUR ANTÉRIEUR.

Sing. j'aurai été aimé, tu auras été aimé, il aura été aimé.

Plur. nous aurons été aimés, vous aurés été aimés, ils auront été aimés.

CONDITIONNEL PRÉSENT.

Sing. je ſerois aimé, tu ſerois aimé, il ſeroit aimé.

Plur. nous ſerions aimés, vous ſeriés aimés, ils ſeroient aimés.

CONDITIONNEL PASSÉ.

Sing. j'aurois été aimé, tu aurois été aimé, il auroit été aimé.

Plur. nous aurions été aimés, vous auriés été aimés, ils auroient été aimés.

IMPÉRATIF.

PRÉSENT ou FUTUR.

Sing. ſois aimé, qu'il ſoit aimé.

Plur. ſoyons aimés, ſoyés aimés, qu'ils ſoient aimés.

SUBJONCTIF PRÉSENT.

Sing. que je ſois aimé, que tu ſois aimé, qu'il ſoit aimé.

Plur. que nous ſoyons aimés, que vous ſoyés aimés, qu'ils ſoient aimés.

IMPARFAIT.

Sing. que je fuſſe aimé, que tu fuſſes aimé, qu'il fût aimé.

Plur. que nous fuſſions aimés, que vous fuſſiés aimés, qu'ils fuſſent aimés.

PARFAIT.

Sing. que j'aie été aimé, que tu aies été aimé, qu'il ait été aimé.

Plur. que nous ayions été aimés, que vous ayiés été aimés, qu'ils aient été aimés.

PLUSQUE-PARFAIT.

Sing. que j'euſſe été aimé, que tu euſſes été aimé, qu'il eut été aimé.

Plur. que nous euſſions été aimés, que vous euſſiés été aimés, qu'ils euſſent été aimés.

INFINITIF.

PRÉSENT. — — être aimé.

PASSÉ. — — — avoir été aimé.

PARTICIPE PRÉSENT. aimé *ou* étant aimé.

PARTICIPE PASSÉ. — ayant été aimé.

CONJUGAISONS

Des Verbes neutres.

UNE PARTIE des verbes neutres se conjuguent avec l'auxiliaire, *avoir*, dans leurs temps composés & surcomposés, & les autres se conjuguent avec l'auxiliaire, *être*.

Tous les verbes neutres dont les participes passifs sont *indéclinables*, c'est-à-dire, dont les participes passifs ne peuvent qualifier une substance, se conjuguent dans leurs temps composés avec l'auxiliaire *avoir*, de la même maniere que les verbes actifs, tels sont, *marcher*, *régner*, *dormir*, &c. dont les participes passifs sont *indéclinables*, parce qu'on ne peut pas dire, un homme *marché*, *régné*, *dormi*.

Mais tous les verbes neutres dont les participes passifs sont *déclinables*, c'est-à-dire, dont les participes passifs peuvent qualifier une substance, se conjuguent dans leurs temps composés avec l'auxiliaire *être*; tels sont les verbes *arriver*, *tomber*, *venir*, dont les participes passifs ont *déclinables*, parce qu'on peut dire, un homme *arrivé*, *tombé*, *venu*.

CONJUGAISON D'UN VERBE NEUTRE

Avec l'Auxiliaire, être.

INDICATIF.

J'arrive, j'arrivois, j'arrivai, je ſuis arrivé, je ſus arrivé, j'ai été arrivé, j'étois arrivé, j'arriverai, je ſerai arrivé, j'arriverois, je ſerois arrivé.

IMPÉRATIF.

Arrive, qu'il arrive, arrivons, arrivés, qu'ils arrivent.

SUBJONTIF.

Que j'arrive, que j'arrivaſſe, que je ſois arrivé, que je fuſſe arrivé.

INFINITIF.

Arriver, être arrivé, arrivant, arrivé *ou* étant arrivé, en arrivant.

CONJUGAISONS

Des Verbes réfléchis.

LES VERBES RÉFLÉCHIS ſont ceux qui expriment l'exiſtence d'un ſujet faiſant une action qui s'effectue ſur lui-même.

On en distingue trois sortes; 1°. Les verbes *actifs réfléchis* qui expriment l'existence d'un sujet, faisant une action qui s'effectue sur lui-même; comme, *Caton se tua.* Ainsi tout verbe actif devient réfléchi, lorsque l'action qu'il exprime s'effectue sur celui qui la produit.

2°. Les verbes *passifs réfléchis* qui ne different point des premiers par l'expression littérale; mais seulement par la signification; car n'exprimant que l'existence d'un sujet inanimé, ce sujet ne peut produire, mais reçoit au contraire l'action exprimée par le verbe; comme dans cet exemple, *ce livre se vend à Paris.* Quoique le verbe réfléchi, *se vend* exprime littéralement l'existence du *livre* faisant l'action de *se vendre;* il est cependant sensible que le *livre* étant une substance inanimée, ne peut produire l'action de *se vendre;* & qu'au contraire il reçoit celle *d'être vendu;* par conséquent ce verbe est passif réfléchi, & sa véritable signification exige un changement d'actif en passif, de cette maniere, *ce livre est vendu à Paris.*

3°. Les verbes *neutres réfléchis* qui expriment l'existence d'un sujet, faisant une action qui ne s'effectue point hors de lui, comme, *s'absenter*, *se mourir*, *se repentir*, *s'emparer.*

Tous ces verbes se conjuguent dans leurs temps composés & surcomposés, avec l'auxiliaire *être*, comme les verbes neutres dont les participes passifs sont déclinables, ainsi l'on dira au parfait indéfini, *Caton s'est tué*, & non pas, Caton *s'a tué*, cette différence dans la conjugaison des verbes actifs simples, & des réfléchis, paroît être la seule raison pour laquelle on en a formé deux Classes particulieres.

CONJUGAISONS

Des Verbes réciproques.

LES VERBES RÉCIPROQUES sont ceux qui expriment l'existence de deux ou plusieurs sujets agissant de maniere que l'action de l'un s'effectue sur l'autre; comme, ils *s'embrassent*, ils *se font des présents;* ces verbes se conjuguent comme les réfléchis, avec l'auxiliaire *être*, dans leurs temps composés; mais seulement avec les trois personnes du pluriel dans chaque temps.

CONJUGAISONS

Des verbes impersonnels.

LE VERBE IMPERSONNEL est celui qui n'exprime

aucune action, & dont la signification ne se rapporte à aucun sujet déterminé; comme, *il faut*, *il importe*.

Cette sorte de verbes ne se conjuguent dans tous leurs temps, qu'avec la troisieme personne du singulier, & n'ont point de Mode impératif.

CONJUGAISONS

Des verbes défectueux.

LES VERBES DÉFECTUEUX sont ceux qui ne peuvent se conjuguer avec tous les temps ou avec toutes les personnes dans chaque temps : on trouvera ci-après le détail de tous ceux qui se trouvent dans chaque conjugaison.

PREMIERE CONJUGAISON.

Elle n'a point de verbes défectueux.

SECONDE CONJUGAISON.

FAILLIR

Et ses composés ; comme, défaillir.

Ne sont d'usage que dans les temps ci-après.

Je faillis, j'ai failli, j'eus failli, j'avois failli,

j'aurai failli, j'aurois failli, que j'aie failli, que j'eusse failli, avoir failli.

OUIR.

J'ouis, que j'ouisse, & les temps composés.

QUERIR.

N'est d'usage qu'à l'Infinitif présent, & après les verbes *aller*, *venir*, *envoyer* ; comme, *il est allé*, *il est venu*, *il a envoyé quérir*.

SAILLIR.

Signifiant, *s'élancer en l'air*.

N'est d'usage que dans les temps & les personnes ci-après.

Il saillit, il saillissoit, il saillît, il saillira, il sailliroit, qu'il saillisse, qu'il saillît.

TROISIEME CONJUGAISON.

CHOIR.

Usité seulement au présent de l'Infinitif, ses composés *déchoir* & *échoir*, sont d'usage dans les temps ci-après.

Je déchois, je déchus, je déchoirai, je déchoirois, que je déchusse, déchéant, déchu, ils se conjuguent avec l'auxiliaire *être* dans leurs temps composés.

SEOIR.

Signifiant *être assis.*

N'est usité qu'au présent de l'Infinitif, & à la troisieme personne du singulier du présent de l'Indicatif; comme, le *Parlement va séoir*, le *Parlement sied.*

SEOIR.

Signifiant *être convenable*, *être séant.*

Il sied, il seyoit, il siéra, il siéroit.

QUATRIEME CONJUGAISON.

BRAIRE.

Il brait, ils brayent, il braira, ils brairont.

BRUIRE.

Il bruyoit, ils bruyoient, bruyant.

CLORE

Et ses composés; comme, enclore.

Je clos, tu clos, il clot, sans pluriel, je clorai, je clorois, clos; il n'a point d'autres temps ſimples, & ſe conjugue dans les temps compoſés avec l'auxiliaire *avoir*.

ÉCLORE.

Ne s'emploie qu'aux troiſiemes perſonnes du ſingulier & du pluriel dans les temps ci-après.

Il éclot, ils écloſent, il éclora, ils écloront, il écloroit, ils écloroient, qu'il écloſe, qu'ils écloſent.

Il ſe conjugue avec l'auxiliaire *être*, dans ſes temps compoſés.

FRIRE.

Ce verbe n'eſt uſité qu'au ſingulier du préſent de l'Indicatif, je fris, tu fris, il frit. Au futur, je frirai, & au conditionnel préſent, je frirois. Il s'emploie encore dans les temps compoſés avec l'auxiliaire *avoir*.

Et pour ſuppléer aux autres temps ſimples de ce verbe, on ſe ſert du verbe *faire* avec l'Infinitif, *frire*. Ainſi l'on dit, je *faiſois frire*, je *fis frire*, &c.

PAITRE.

Ce verbe n'a point de parfait défini, d'imparfait au ſubjonctif, de participe préſent paſſif, ni par conſéquent de temps compoſés.

Je pais, je paiſſois, je paîtrai, je paîtrois, que je paiſſe, paiſſant.

CHAPITRE VI.

Des Participes.

LES PARTICIPES ſont des mots dérivés du verbe, qui tiennent de ſa nature & de celle de l'adjectif, & qui par conſéquent ſervent à qualifier les ſubſtances, & à exprimer leur action ; comme dans cet exemple, Pierre aimant l'étude ; *aimant* eſt un participe, parce qu'il qualifie *Pierre* & exprime ſon action *d'aimer.*

Il y a deux ſortes de participes ; ſavoir, les *participes actifs* & les *participes paſſifs.*

LES PARTICIPES ACTIFS ſont ceux qui qualifient une ſubſtance faiſant l'action qu'ils expriment, ces participes ſont toujours terminés en *ant*, comme, *Pierre aimant l'étude*, *ayant aimé l'étude.*

LES PARTICIPES PASSIFS ſont ceux qui qualifient une ſubſtance recevant l'action qu'ils expriment ; comme, *Pierre aimé de Dieu.*

Voyés ci-après, *page* 102, les propriétés & la ſyntaxe des participes.

CHAPITRE VII.

Des Prépositions.

Les prépositions sont des mots indéclinables qui servent à exprimer les différents rapports que les choses ont les unes avec les autres ; on les nomme *prépositions*, parce qu'ils sont toujours suivis d'un nom, d'un pronom ou d'un verbe sur lesquels s'effectue leur signification.

On distingue quatre sortes de prépositions ; 1°. Celles qui régissent l'accusatif, après lesquelles on peut faire la question *qui ?* ou *quoi ?* Telles sont ; *après*, *avant*, *contre*, *dans*, *depuis*, *environ*, *excepté*, *pendant*, *sans*, *suivant*, &c.

2°. Celles qui régissent le datif, après lesquelles on peut faire la question *à qui?* ou *à quoi?* comme ; *jusque*, *quant*, *relativement*, &c.

3°. Celles qui régissent le génitif, après lesquelles on peut faire la question *de qui ?* ou *de quoi ?* comme, à *côté*, à *l'égard*, à *couvert*, à *l'abri*, à *raison*, à la *réserve*, à *l'insu*, &c.

4°. Celles qui régissent l'ablatif, après lesquelles on peut faire la question *de qui ?* ou *de quoi ?* comme, *loin*, *près*, *auprès*, *proche*, *hors*, &c.

Pour diſtinguer les prépoſitions qui régiſſent le génitif d'avec celles qui régiſſent l'ablatif, on obſervera que les premieres ſont compoſées de pluſieurs mots ; comme, *à côté*, *à cauſe*, *vis-à-vis*, &c. Au lieu que les prépoſitions qui régiſſent l'ablatif ne ſont compoſées que d'un ſeul mot comme, *loin*, *près*, &c.

CHAPITRE VIII.

Des Adverbes.

L'ADVERBE eſt un mot indéclinable qui ſe joint aux adjectifs, aux verbes, aux participes, & même à d'autres adverbes pour en reſtreindre, étendre ou modifier la ſignification ; tels ſont *téméraireme̅nt*, *triſtement* dans ces exemples ; il forma *témérairement* ce projet, il prononça *triſtement* ces mots.

On peut diſtinguer ſept ſortes d'adverbes ; ſavoir ;

1°. Les adverbes de temps ; comme, *hier*, *demain*, *aujourd'hui*, &c.

2°. Les adverbes de lieu ; comme, *ici*, *là*, *y*, *où*, &c.

3°. Les adverbes d'ordre ; comme, *premiérement*, *ſecondement*, *alternativement*, *enſemble*, &c.

4°. Les adverbes de quantité ; comme, *peu*, *beaucoup*, *affés*, *tant*, *trop*, &c.

5°. Les adverbes de comparaifon ; comme, *de même*, *ainfi*, *pareillement*, *auffi*, *plus*, *très*, *fi*, *davantage*, *moins*, &c.

6°. Les adverbes de nombre, qui fervent à déterminer les quantités numériques, & qui tous font indéclinables, excepté *un* ; comme, *deux*, *trois*, *quatre*, *cinq*, &c.

7°. Les adverbes de Modification, qui tous font dérivés des adjectifs ; comme, *juftement*, *févérement*, &c.

CHAPITRE IX.

Des Conjonctions.

LES Conjonctions font des mots indéclinables qui fervent à lier enfemble les différentes parties du difcours.

On peut les réduire à douze fortes ; qui font ;

1°. Les copulatives dont on fe fert pour lier les mots ; comme, *&*, *ni*.

2°. Les augmentatives ; telles font, *de plus*, *d'ailleurs*, *encore*, &c.

3°. Les diminutives ; telles font, *au moins*, *du moins*, *pour le moins*.

4°. Les alternatives ; comme, *ou*, *ſinon*, *tantôt*, &c.

5°. Les conditionnelles ; comme, *ſoit*, *ſi*, *pourvu que*, &c.

6°. Les adverſatives ; comme, *mais*, *quoique*, *cependant*, &c.

7°. Les périodiques ; comme, *lorſque*, *dès-que*, *auſſitôt que*, &c.

8°. Les cauſales ; comme, *car*, *puiſque*, *parce que*, &c.

9°. Les explicatives ; telles ſont, *en tant que*, *ſavoir*, *comme*, &c.

10. Les concluſives ; telles ſont, *donc*, *par conſéquent*, *ainſi*, &c.

11°. Les tranſitives ; comme, *au reſte*, *or*, *pour*, &c.

12°. La conductive ; *que*, comme dans cet exemple ; vous n'ignorés pas *que* la ſcience eſt utile.

☞ On obſervera que l'uſage des conjonctions eſt ſi étendu, qu'on pourroit encore en diſtinguer d'autres eſpeces ; mais ce qui précede ſuffit pour en donner les notions néceſſaires, & pour ne pas les confondre avec les mots indéclinables d'une autre dénomination, comme les adverbes ou prépoſitions.

CHAPITRE X.

Des Interjections.

LES INTERJECTIONS font des mots indéclinables dont on se sert pour exprimer quelques mouvements ou sentiments de l'ame ; comme, *la joie*, *la douleur*, *la crainte* ; le ton avec lequel ces mots sont prononcés, fait connoître le sentiment qu'ils expriment ; tels sont

Ha ! bon ! pour exprimer la joie.

Hélas ! aih ! mon Dieu ! pour exprimer la douleur.

Ha ! fi ! pour exprimer la répugnance.

Courage, *ça*, pour encourager.

Que, pour disposer l'esprit à l'admiration, pour reprocher, commander, souhaiter ; comme dans ces exemples *que* tout ceci est beau ! *que* ne veniés-vous plutôt ! *qu*'il se hâte, *qu*'un heureux succès couronne vos desirs !

CHAPITRE XI.

De la Syntaxe.

Il ne suffit pas de savoir les définitions & les divisions des mots qui composent une Langue ; il faut encore pour la parler, & l'écrire correctement, être instruit de l'harmonie qui doit régner entr'eux, & sur-tout connoître les différents rapports, dans lesquels ils peuvent être employés ; ces connoissances font l'objet de la syntaxe, dont on va rappeller les principes, relativement à chaque partie du discours, & principalement ceux concernant les cas, & la maniere de les distinguer ; objet d'autant plus intéressant, qu'il développe les principes communs à toutes les Langues, & peut seul applanir les difficultés les plus épineuses de la Langue Latine.

ARTICLE PREMIER.

Syntaxe des noms, & des pronoms, explication des cas.

Les cas ſont les différentes manieres d'employer les noms & les pronoms, ſuivant les divers rapports qu'ils peuvent avoir avec nos idées. Il y en a ſix ; qui ſont, le *nominatif*, le *génitif*, le *datif*, l'*accuſatif*, le *vocatif* & l'*ablatif*.

L'intelligence des cas dépend particuliérement de celle du verbe ; or le verbe étant un mot qui ſert à exprimer l'exiſtence & l'action d'un ſujet, il eſt facile d'obſerver ;

1°. Que tout verbe exprime l'exiſtence d'un ſujet.

2°. Que l'action phyſique ou métaphyſique exprimée par un verbe, peut s'effectuer ſur quelqu'un.

3°. Que cette action peut être utile ou nuiſible à quelqu'un.

4°. Enfin que cette action a pu être faite par le moyen ou l'entremiſe de quelqu'un.

Ces quatre obſervations feront facilement diſtinguer le nominatif, l'accuſatif, le datif & l'ablatif. En effet.

NOMINATIF.

Tout substantif dont l'existence est exprimée par un verbe, est toujours au nominatif, conséquemment, dans cet exemple, *Pierre aime Dieu. Pierre* est au *nominatif*, parce que son existence est exprimée par le verbe actif *aimer*, dont il fait l'action ; pareillement, dans cet autre exemple, *Pierre est aimé de Dieu*; *Pierre* est encore au nominatif, parce que son existence est exprimée par le verbe passif, *être aimé*, dont il reçoit l'action. Je dis que dans l'un & dans l'autre exemple, l'existence de Pierre est exprimée ; & cela est sensible, puisque le sens de chacune de ces propositions est, *Pierre existe aimant Dieu*, *Pierre existe aimé de Dieu.*

LE NOMINATIF se nomme encore en logique, *sujet de la proposition*, parce qu'en effet le sujet d'une proposition n'est autre chose que le substantif dont le verbe affirme l'existence active ou passive.

ACCUSATIF.

2°. Tout substantif, dont l'existence n'est point affirmée par le verbe ; mais sur lequel s'effectue directement l'action qu'exprime le verbe, est toujours à l'accusatif ; donc dans cet exemple, *Milon tua Clodius*, *Clodius* est à *l'accusatif*, parce que c'eſt ſur lui que s'effectue directement l'action exprimée par le verbe *tuer*, qui d'ailleurs n'exprime point l'exiſtence de Clodius, mais celle de Milon.

Le rapport d'un nom à l'accuſatif, ſe nomme encore *cas du verbe*, *régime direct*, *objectif*, &c. mais toutes ces différentes dénominations n'en font gueres mieux connoître la nature ; peu importe laquelle doit prévaloir ; le grand point eſt de conſidérer ce rapport comme l'objet direct de l'action exprimée par le verbe, c'eſt-à-dire, comme une ſubſtance ſans laquelle l'action qu'exprime le verbe, ne pourroit avoir lieu ; tel eſt le ſens du principe ſi connu, *tout verbe actif gouverne, régit l'accuſatif*, en effet l'action exprimée par un verbe actif, ne pouvant avoir lieu qu'autant qu'elle s'effectue ſur une ſubſtance quelconque, il eſt ſenſible que cette ſubſtance eſt dans le rapport exprimé par l'accuſatif.

DATIF.

3°. Tout ſubſtantif au profit ou au dommage duquel l'action exprimée par le verbe eſt faite, eſt toujours au datif ; dans cet exemple ; *donner l'aumône au pauvre*, *au pauvre* eſt au *datif*, parce que c'eſt à ſon profit que l'action du verbe *donner* eſt faite.

ABLATIF.

4°. Tout ſubſtantif, par le moyen duquel l'action exprimée par le verbe eſt faite, eſt toujours à l'ablatif; dans cet exemple, *obtenir ſa grace du Roi*, *du Roi*, eſt à *l'ablatif*, parce que c'eſt par ſon moyen que l'action du verbe *obtenir* eſt faite.

Un ſubſtantif eſt encore à *l'ablatif*; 1°. Lorſqu'il eſt régime direct d'un verbe paſſif, c'eſt-à-dire, lorſqu'il fait l'action exprimée par le verbe paſſif; comme dans cet exemple; *être eſtimé des hommes*, *des hommes* ſont à *l'ablatif*, comme faiſant l'action exprimée par le verbe paſſif *être aimé*.

2°. Lorſqu'il eſt régime d'un verbe neutre ou qu'il exprime le lieu d'où l'on ſort; comme dans ces exemples, *s'emparer d'un pays*, *ſe repentir de ſa faute*, *mourir de chagrin*, *ſortir de France*, &c.

LE DATIF & L'ABLATIF ſe nomment encore *régimes indirects* du verbe actif; parce qu'en effet c'eſt ſur les ſubſtances modifiées par ces cas, que s'effectue indirectement l'action exprimée par le verbe actif; comme on peut le remarquer dans ces exemples, *donner l'aumône au pauvre*, *obtenir ſa grace du Roi*; car dans le premier, l'action de donner s'effectue au profit du pauvre, & dans le ſecond, l'action d'obtenir s'effectue par le moyen du Roi.

GÉNITIF.

Tout ſubſtantif précédé de l'un des articles *de*, *du*, *de l'*, *de la*, *des*, & qui exerce poſſeſſion ou propriété ſur un autre ſubſtantif précédent, eſt toujours au génitif; ainſi dans cet exemple, *la ſageſſe du Roi*, *du Roi* eſt au *génitif*, parce qu'il eſt précédé de l'article *du*, & qu'il exerce poſſeſſion ſur ſa ſageſſe.

VOCATIF.

Enfin tout ſubſtantif auquel on adreſſe la parole, eſt au vocatif, comme dans cet exemple, *François*, *ſuivés votre Roi*. *François* eſt au *vocatif*, parce que c'eſt à eux que la parole eſt adreſſée.

CONCORDANCE.

Des adjectifs des noms & des pronoms.

Il reſte à obſerver par rapport aux noms, aux adjectifs & aux pronoms; 1°. Que l'adjectif s'accorde toujours en genre, en nombre & en cas avec le ſubſtantif qu'il qualifie; ainſi l'on dira, *un homme généreux*, une *femme généreuſe*.

2°. Que ſi l'adjectif qualifie deux ou pluſieurs

noms de différents genres, il faut le mettre au pluriel & au masculin, ainsi l'on doit dire, *mon frere & ma sœur sont généreux*.

3°. Que le nom collectif partitif & l'adverbe de quantité ne pouvant exister dans le discours sans un substantif suivant, exprimé ou sous-entendu, qui détermine la nature des substances, dont ces mots expriment l'assemblage ou la quantité; l'adjectif doit nécessairement s'accorder avec le nom substantif, & non pas avec le nom collectif; ainsi l'on doit dire, la *plupart des hommes sont ambitieux*, & non pas la *plupart des hommes est ambitieuse*.

4°. Les pronoms étant des mots qui tiennent dans le discours, la place des substantifs dont on veut éviter la répétition, il est sensible qu'ils doivent être employés au même genre, au même nombre & au même cas que le substantif dont ils tiennent la place, ou auquel ils se rapportent.

ARTICLE II.

Syntaxe des Verbes.

Le verbe doit toujours s'accorder en nombre & en perſonne, avec le ſubſtantif dont il exprime l'exiſtence, dans cet exemple ; l'*homme deſire* ; le verbe eſt à la troiſieme perſonne du ſingulier, parce que ſon nominatif, c'eſt-à-dire, le ſubſtantif *homme*, dont il exprime l'exiſtence, eſt une troiſieme perſonne, puiſque c'eſt de lui dont on parle, & qu'il eſt au ſingulier.

Si le verbe a pluſieurs nominatifs, il doit être mis au pluriel, & s'accorder avec la perſonne la plus noble ; ſur quoi il faut obſerver que la premiere perſonne eſt plus noble que la ſeconde, & la ſeconde plus noble que la troiſieme, comme dans cet exemple ; *votre frere, vous & moi, combattrons.*

ARTICLE III.

Syntaxe des Participes.

On a ci-devant diſtingué deux ſortes de participes ; ſavoir, *les participes actifs* & *les participes paſſifs*, il faut maintenant obſerver.

1°. Que dans toutes les circonſtances poſſibles, les participes actifs ſont indéclinables, c'eſt-à-dire, qu'ils ne ſont point ſuſceptibles, de genre, de nombre ni de cas; ainſi l'on dira : *un pere aimant ſes enfants, une mere aimant ſes enfants.*

Dans cet exemple, les *conquêtes étonnantes des Romains*, le mot, *étonnantes* ne déroge point au principe propoſé, & n'inquiétera point quiconque aura bien conçu que le participe tenant de la nature de l'adjectif & de celle du verbe, un mot ne doit être réputé participe actif, qu'autant qu'il qualifie une ſubſtance faiſant une action; or comme dans l'exemple ci-deſſus, le mot *étonnantes* qualifie ſimplement le ſubſtantif, *conquêtes*, ſans exprimer aucune action produite par ce ſubſtantif, il eſt ſenſible que ce mot ne doit être conſidéré que comme un ſimple adjectif, dont il doit ſuivre la ſyntaxe, & qu'il deviendroit indéclinable s'il étoit participe; comme dans cet autre exemple, *les conquêtes des Romains étonnant l'univers*, parce qu'alors *étonnant* exprime une action produite par les *conquêtes*, laquelle s'effectue ſur *l'univers.*

☞ On trouve dans une Grammaire, imprimée en 1774, une liſte de cent dix-huit verbes, dont l'Auteur prétend que les participes actifs ſont déclinables; mais cette prétention eſt d'autant moins fondée, que tous les participes actifs des verbes compris dans cette liſte ſont indéclinables, & ne peuvent être ſuſceptibles de genre, de nombre, ni de cas, qu'autant qu'ils deviennent de ſimples adjectifs, c'eſt-à-dire, qu'autant qu'ils n'expriment point d'action.

Les Grammairiens appellent *adjectifs verbaux*, tous ceux qui comme, *étonnant* ſont dérivés des verbes, pour les diſtinguer des autres adjectifs.

2°. PAR RAPPORT aux participes paſſifs, il faut obſerver qu'ils peuvent être employés de trois manieres.

1°. Comme ſimples adjectifs, c'eſt-à-dire, ſans être joints à aucun verbe auxiliaire.

2°. Comme conjugués avec l'auxiliaire *être*.

3°. Comme conjugués avec l'auxiliaire *avoir*.

Les participes paſſifs, employés comme ſimples adjectifs, ſont déclinables & s'accordent en genre, en nombre & en cas avec le ſubſtantif qu'ils qualifient; comme dans cet exemple, les loix *établies* par Lycurgue réprimoient le luxe & l'oiſiveté.

Lorſque les participes paſſifs ſont conjugués avec l'auxiliaire *être*, ils ſont encore déclinables & s'accordent en genre & en nombre avec leur nominatif; comme dans cet exemple, les belles lettres *sont cultivées.*

Enfin lorsque les participes passifs sont conjugués avec l'auxiliaire, *avoir* ou avec l'auxiliaire *être* pris pour *avoir*, ils sont déclinables s'ils sont précédés de leur régime, c'est-à-dire, du substantif sur lequel s'effectue l'action qu'ils expriment; alors ils s'accordent avec ce régime en genre & en nombre; comme dans cet exemple, les belles lettres que vous avés long-temps *cultivées*; mais si le participe passif, conjugué avec l'auxiliaire *avoir* ou avec l'auxiliaire *être*, pris pour *avoir*, est suivi de son régime, il est alors indéclinable; comme dans cet autre exemple, *vous avés* long-temps *cultivé* les belles lettres.

ARTICLE IV.

Des mots indéclinables.

L'ON a vu précédemment qu'une préposition est toujours suivie d'un régime, c'est-à-dire, d'un nom, d'un pronom ou d'un infinitif, sur lequel s'effectue sa signification, & on a pu observer comment le cas de ce régime est déterminé, suivant la question qui peut être faite après la préposition.

Les adverbes de quantité & quelques autres dérivés des adjectifs sont quelquefois susceptibles de régime ; mais alors on peut les considérer comme des prépositions, & suivre la même méthode, pour déterminer en françois le cas du régime.

Quant aux Conjonctions & Interjections, elles offrent peu d'observations importantes ; c'est pourquoi l'on n'insistera pas davantage sur cet article.

CHAPITRE XII.

De l'Orthographe.

L'orthographe est l'art d'écrire correctement tous les mots dont une Langue est formée, soit en employant toutes les lettres nécessaires, soit en plaçant à propos les accents, soit en divisant par une ponctuation exacte, les différents membres d'une phrase ; d'où il résulte qu'on peut réduire ce Chapitre en trois articles, dont le premier traitera de l'Orthographe concernant les lettres ; le second de celle relative aux accents, & le troisieme contiendra les règles de la ponctuation.

ARTICLE PREMIER.

De l'Orthographe relative aux lettres.

CETTE partie de l'orthographe peut être considérée ou comme établie par l'usage, ou comme fondée sur les principes de la Grammaire.

DE L'ORTHOGRAPHE D'USAGE.

L'orthographe d'usage est susceptible de beaucoup de difficultés que l'on ne peut guères surmonter sans le secours du Latin, dont la Langue Françoise est en partie dérivée ; mais les remarques suivantes pourront être de quelque utilité.

1°. Par rapport aux consonnes doubles, il paroît à propos, malgré les sentiments contraires, de les admettre, non-seulement dans les mots dérivés du Latin, pour en conserver l'étymologie ; mais encore dans ceux dont la prononciation l'exige nécessairement ; tels sont, *combattre*, *mettre*.

2°. Les sons *an*, *en*, *in*, *on*, *un*, s'écrivent par *m* devant les consonnes, *b*, *m*, *p*, comme, *champ*, *embarras*, *imbécile*, *tromper*, *humble*, excepté, *néanmoins*, & les mêmes sons s'écrivent par *n* devant toute autre lettre.

3°. Le son *ain* s'écrit par *a*, *i*, *n*, dans les verbes suivants, *vaincre*, *convaincre*, *plaindre*, *contraindre*, *craindre*, & par *ein*, dans les autres verbes.

4°. Le son final *an* s'écrit par *ent*, dans les adjectifs & les adverbes de modification, comme, *prudent*, *sagement*, & par *ant* dans les adjectifs verbaux & les participes ; comme, *abondant*, *aimant*.

5°. Pour trouver la finale d'un grand nombre de mots françois, il faut observer leurs dérivés ; ainsi *plomb* finit par *b*, à cause de son dérivé, *plomber*, *dard* finit par *d*, à cause de son dérivé *darder*.

D'où l'on conclura ; 1°. Que des noms terminés en *a*, les uns finissent par *s* ; comme, *amas*, *embarras*, à cause de leurs dérivés, *amasser*, *embarrasser* ; d'autres par *t*, comme, *attentat*, *magistrat* ; à cause de leurs dérivés, *attentatoire*, *magistrature* ; & que ceux qui ne prennent ni *t*, ni *s* finissent par *a*, comme, *opera*, *falbana*, &c.

2°. Que des noms terminés en *é* aucun ne finit par *t* ni par *s*, parce qu'ils n'ont aucun dérivé qui l'exige ; mais tous ceux qui sont masculins finissent par *é*, excepté les suivants, *mausolée*, *trophée*, *athée*, *hyménée*, *empirée*, *apogée*, *périgée*, *coliſée*, *champs éliſées*, *caducée.* — Tous ceux qui ſont féminins finiſſent auſſi par *é*, excepté, *idée*, *année*, *journée*, *armée*, *durée*, *roſée*, *volée*, & généralement tous les ſubſtantifs qui ne different point par l'expreſſion d'un adjectif ou d'un participe préſent paſſif; tel eſt le nom collectif *armée*, qui ne differe point par l'expreſſion du participe paſſif, *armé*, comme dans cet exemple, il ſe préſenta *armé* d'un fuſil.

3°. Que des noms terminés en *i* les uns finiſſent par *s*, comme, *tapis*, *commis*, à cauſe de leurs dérivés, *tapiſſer*, *commiſſion*. Les autres par *t*; comme, *acquit*, *appétit*, à cauſe de leurs dérivés, *acquitter*, *appétitif*, & ceux qui ne prennent ni *t* ni *s*, finiſſent par *i* s'ils ſont maſculins; comme le *parti*, le *rôti*, & par *ie*, s'ils ſont féminins, comme la *partie*, la *raillerie*. Il faut cependant excepter les maſculins ſuivants, *incendie*, *aphélie*, *perihélie*, *meſſie*, *Élie*, *Zacharie* = *fourmi* & *merci*, quoique féminins finiſſent par *i*.

4°. Que des noms terminés en *o*, les uns finiſſent par *s*, comme, *propos*, *repos*, à cauſe de leurs dérivés *propoſer*, *repoſer*; d'autres par *t*, comme, *complot*, *abricot*, à cauſe de leurs dérivés, *comploter*, *abricotier*, & ceux qui ne prennent ni *t* ni *s*, finissent par *o*, comme, *indigo*, *écho*, &c.

5°. Que des noms terminés en *u*, les uns finissent par *s*, comme, *abus*, *refus*, dont les dérivés sont *abuser*, *refuser*; les autres part *t*, comme, *début*, *institut*, dont les dérivés sont *débuter*, *institution* : Enfin ceux qui ne prennent ni *t* ni *s* finissent par *u*, s'ils sont masculins; comme, *résidu*, *individu*, &c.; & par *ue* s'ils sont féminins, comme, *statue*, *rue*, excepté, *tribu*, *vertu*, *glu*, *bru*.

Il faut cependant observer que ces principes sur les finales, quoique très-étendus, ne sont pas généraux, & admettent quelques exceptions fondées sur l'usage.

DE L'ORTHOGRAPHE

De Principes.

CETTE partie de l'orthographe est fondée sur les principes de la Grammaire, relatifs à chaque espece de mots.

DES

DES ARTICLES.

La article général, & *la* accusatif féminin du pronom personnel de la troisieme personne du singulier, s'écrivent toujours sans accent; mais *là* adverbe de lieu doit être surmonté d'un accent grave.

à article ou préposition doit toujours être surmonté d'un accent grave, pour le distinguer de la troisieme personne du singulier du présent de l'indicatif du verbe *avoir*, qui n'en prend point.

Des article ne prend jamais d'accent; mais il s'écrit avec l'accent grave, quand il est conjonction ou préposition.

Ou conjonction ne prend d'accent; mais il prend l'accent grave, quand il est adverbe de lieu.

DES NOMS.

Les observations les plus intéressantes par rapport à l'orthographe des noms, résultent de leurs propriétés essentielles, qui sont les genres & les nombres.

DES GENRES.

Les adjectifs terminés en *eur* & dérivés des Latins terminés en *tor*, forment leur féminin en changeant *eur* en *rice*, comme ; conſervat*eur*, conſervat*rice*, accuſat*eur*, accuſat*rice*, excepté *auteur* qui eſt des deux genres.

Les autres adjectifs terminés en *eur*; mais qui ne dérivent point des latins terminés en *tor*, forment leurs féminins en changeant *eur* en *eux*; comme, danſ*eur*, danſ*euſe*, jou*eur*, jou*euſe*, &c. excepté *enchanteur*, *vangeur*, *pécheur*, *demandeur*, *défendeur* qui font au féminin, *enchanteresse*, &c.

Les adjectifs & participes paſſifs terminés au maſculin par une voyelle, prennent un *e* muet au féminin ; comme, *aimé*, *aimée*, *chéri*, *chérie*, *imbu*, *imbue*, &c. excepté *favori*, qui fait au féminin *favorite*.

Tous les adjectifs terminés par *e* muet n'ont qu'une ſeule terminaiſon pour les deux genres ; comme, *aimable*, *docile*, &c.

Les adjectifs terminés au maſculin par une conſonne, prennent au féminin un *e* muet, comme, *grand*, *grande*, *vaillant*, *vaillante*, &c. excepté.

1°. Ceux terminés en *ais*, *an*, *as*, *eil*, *el*, *es*, *et*, *ien*, *ol*, *on*, *os*, *ot*, *ul*, qui doublent au féminin la conſonne finale & prennent un *e* muet. Cependant, *mauvais*, *niais*, *replet*, *diſcret*, *complet*, *ſecret*, ne doublent point la conſonne finale

& prennent seulement un *e* muet = *frais* fait *fraîche*, *Espagnol* fait *Espagnole* = *malin*, *benin* font *maligne*, *benigne*.

2°. Les adjectifs terminés par *x*, dont le féminin se forme en changeant *x* en *se*; comme, *heureux*, *heureuse*; cependant *faux*, *doux*, *roux* font *fausse*, *douce*, *rousse*.

3°. Les suivants *sec*, *franc*, *blanc* qui font au féminin, *seche*, *franche*, *blanche* — *public*, *caduc*, *grec*, *turc*, qui font *publique*, *caduque*, *greque*, *turque*, — *nud*, *crud*, *verd*, qui font *nue*, *crue*, *verte* — *naïf*, *bref*, *neuf*, qui font *naïve*, *breve*, *neuve*.

DES NOMBRES.

Quelques noms qui ont un singulier n'ont point de pluriel; comme, *l'or*, *l'argent*, le *fer*, le *plomb*, le *cuivre*, &c. & les autres noms de métaux pris en général; le *repos*, le *sommeil*, la *soif*, *l'estime*, la *sincérité*, la *foi*, la *charité*, le *lever*, le *coucher*, &c.

D'autres qui ont un pluriel n'ont point de singulier, tels sont, les *mœurs*, les *pleurs*, les *ténébres*, *broussailles*, *armoiries*, *matines*, *vêpres*, &c.

Enfin les autres sont susceptibles des deux nombres, & leur pluriel eſt ſemblable au ſingulier, lorſqu'ils finiſſent par s ou x, comme le *fils*, les *fils*, la *voix*, les *voix*, &c.

Lorſqu'ils ne finiſſent pas au ſingulier par s ou x, ils prennent une s au pluriel; comme la *table*, les *tables*, l'*odeur*, les *odeurs*.

Excepté; 1°. *tout*, *tous*, *gent*, *gens*, la *loi*, les *loix*.

2°. Les adjectifs déterminés au ſingulier en *au*, *eau*, *eu*, *ieu*, *ou*, qui prennent un x au pluriel.

3°. Les noms en *al*, comme, *mal*, *cheval*, &c. qui font au pluriel *maux*, *chevaux*, = *bal*, *pal*, *cal*, *régal*, *local*, *carnaval*, ſuivent la regle générale, & prennent une s au pluriel; les ſuivants n'ont point de pluriel au maſculin, *auſtral*, *boréal*, *conjugal*, *filial*, *naval*, *fatal*, *frugal*, *vénal*, *paſtoral*.

Les noms en *ail*; comme, *éventail*, finiſſent au pluriel par s, excepté, *émail*, *corail*, *travail*, *ſoupirail*, *ail*, *bail*, qui font au pluriel, *émaux*, *coraux*, *travaux*, *ſoupiraux*, *aulx*, *baux* = *bétail*, fait *beſtiaux* = & *bercail* n'a point de pluriel.

5°. *aïeul*, *œuil* ou *œil*, *pénitenciel* & *Ciel*, font au pluriel, *aïeux*, *yeux*, *pénitenciaux*, *Cieux*, on doit dire cependant des *ciels-de-lit*, des *œils-de-bœufs*.

DES PRONOMS.

Après ce qui vient d'être expliqué par rapport à l'orthographe des noms ; il est aisé d'appercevoir ce que l'on doit observer sur les genres & les nombres des pronoms ; c'est pourquoi l'on se contentera de quelques remarques indépendantes de celles qui précedent.

1°. *Leur*, datif pluriel du pronom personnel de la troisieme personne ne prend point d'*s* à la fin, pour le distinguer de *leur* pronom possessif de la troisieme personne, qui en prend une au pluriel.

2°. *Ce* & *ces* pronoms démonstratifs s'écrivent par *c*, pour les distinguer de *se* pronom réfléchi, & de *ses* pronom possessif.

3°. L'*o* est bref & sans accent, dans les pronoms possessif *notre*, *votre*, déclinés avec l'article individuel ; mais il est long & surmonté d'un accent circonflexe, dans le *nôtre*, le *vôtre*, déclinés avec l'article général.

4°. *Dont* génitif & ablatif du pronom relatif, finit par *t*, pour le distinguer de *donc*, conjonction qui finit par *c*.

5°. *Mes* pluriel du pronom possessif de la premiere personne du singulier s'écrit par *mes*, pour le distinguer de la conjonction *mais*.

6°. Les pronoms indéfinis, *quelque*, *tout*, *même*, ſont indéclinables lorſqu'ils tiennent dans le diſcours, la place d'une conjonction ou d'un adverbe, ainſi, *quelque* eſt indéclinable lorſqu'il eſt joint à un adjectif ſéparé de ſon ſubſtantif; comme dans cette phraſe, *quelqu'*étonnantes que paroiſſent les actions d'Alexandre. = *Tout* eſt indéclinable lorſqu'il précede un adjectif ſuivi de la conjonction *que* ſi toutefois l'adjectif ſe rapporte à un ſubſtantif maſculin; comme dans cet exemple, *tout* courageux qu'étoient les Gaulois, ils ne purent tenir contre les armées Romaines = *Tout* eſt encore indéclinable, ſi l'adjectif ſuivant ſe rapporte à un ſubſtantif féminin, pourvu qu'il ſoit au pluriel & qu'il commence par une voyelle, comme dans cette phraſe, *tout* aimables qu'elles ſont, leur conduite eſt repréhenſibles = *Même* eſt indéclinable lorſqu'il eſt employé dans le ſens des adverbes *encore*, de *plus*, *auſſi*; comme dans cet exemple, on a vu des femmes & des enfants *même* donner des preuves d'un courage héroïque.

DES VERBES.

Les principes concernant l'orthographe des verbes, réſultent de leurs conjugaiſons, qu'il eſt très-important de bien ſavoir; on a tâché de les rassembler en peu de mots, dans les remarques suivantes.

La premiere personne du singulier prend toujours une *s* à la fin, excepté lorsqu'elle finit par *e* muet, ou par *ai* dans les temps présents, les parfaits définis, & les futurs ; comme, j'*aime*, j'*aimai*, j'*aimerai*.

La deuxième personne du singulier finit toujours par *s*.

La troisieme personne du singulier prend toujours un *t* à la fin, excepté ; 1°. Lorsqu'elle finit par *e* muet. 2°. Lorsqu'elle finit par *a* au présent, au parfait défini & au futur ; comme, il *aime*, il *aima* ; il *aimera*, il *a*, il *va*. 3°. La troisieme personne du singulier du présent de l'indicatif prend un *c* dans le verbe *vaincre* & ses composés, & un *d* dans le verbe *séoir* & ses composés, ainsi que dans ceux dont le présent de l'infinitif est terminé en *endre*, en *ondre* & en *oudre* ; comme, *rendre*, *fondre*, *moudre*, &c.

La premiere & la seconde personne du pluriel finissent toujours par *s*.

La troisieme personne du pluriel finit toujours par *nt*.

On doit surmonter de l'accent circonflexe les pénultiemes syllabes des premieres & secondes personnes du pluriel des parfaits définis, dans tous les verbes ; comme, nous *aimâmes*, vous *aimâtes* ; de même que la derniere syllabe de la troisieme personne du singulier de l'imparfait du subjonctif ; comme, qu'il *aimât*.

ARTICLE II.

Des accents, du tréma *& de l'apostrophe.*

VOYÉS le Chapitre Préliminaire, par rapport à cet article.

ARTICLE III.

De la Ponctuation.

LA Ponctuation est l'art de diviser à propos les membres & les incidents d'une phrase ou d'une période, & d'indiquer la liaison des divers jugements qui composent un discours.

On se sert pour cet effet de certains signes, qu'on nomme virgule (,), point & virgule (;), point (.), deux points (:), point interrogatif (?), point admiratif (!).

Les Principes de la Ponctuation résultent de

la connoissance exacte de la proposition, des termes & des incidents qui la composent, dont il est à propos de donner ici quelques explications.

DE LA PROPOSITION.

La proposition est une phrase ou un discours, par lequel on affirme, ou l'on nie quelque chose d'une autre, conséquemment ces mots, *Dieu est bon*, forment une proposition, parce qu'ils affirment de Dieu qu'il est bon.

Toute proposition est composée d'un *sujet*, d'un *verbe* & d'un *attribut*.

Le sujet d'une proposition est une substance dont on affirme, ou dont on nie quelque chose; ainsi *Dieu* est le sujet de la proposition ci-dessus, parce que c'est de lui dont on affirme qu'il est bon.

L'attribut d'une proposition est un mot qui exprime la chose affirmée ou niée du sujet; ainsi *bon* est l'attribut de la même proposition, parce que la bonté est la chose affirmée de Dieu.

On distingue trois sortes de propositions; la *simple*, la *composée* & la *complexe*.

LA PROPOSITION SIMPLE est celle qui ne comprend qu'un sujet, un verbe & un attribut; comme, la *terre produit* les *plantes*.

LA PROPOSITION COMPOSÉE est celle qui a

plusieurs sujets, ou plusieurs attributs, telles sont les suivantes : *les hommes & tous les animaux aiment la vie.* = *César subjugua les Gaules & la Germanie.* = *Les peuples grossiers, les sauvages de l'Afrique & du nouveau Monde méprisent les sciences les plus utiles & la plupart de nos inventions.*

La Proposition Complexe est celle qui peut n'avoir qu'un sujet, un verbe & un attribut; mais dont l'un ou l'autre, & quelquefois tous trois sont modifiés par d'autres propositions qu'on nomme *incidentes*, parce qu'elles ne sont pas absolument nécessaires, pour l'intelligence de la proposition principale. Ces propositions incidentes sont presque toujours amenées dans la proposition principale, par des relatifs, des prépositions ou des conjonctions, comme on peut le remarquer dans celle-ci. = *Les peuples qui habitent les déserts de l'Afrique, méprisent sans avoir égard à leurs intérêts, les sciences que cultivent les Européens.*

Enfin on nomme, *Période*, la réunion de plusieurs propositions simples, composées ou complexes, tellement liées ensemble par quelques conjonctions, qu'elles ne forment ensemble qu'un seul sens complet ; & l'on nomme *membres*, les parties de la période qui divisent le sens parfait en plusieurs sens suspendus ; comme, *si les sciences & les arts procurent aux hommes une infinité d'agréments, dont ils seroient privés sans elles ; l'espoir d'en retirer encore de nouveaux avantages, doit les exciter à chercher de plus en plus les moyens de les perfectionner.*

Après ce qui vient d'être expliqué, on conçoit ; 1°. Que la virgule doit servir à séparer les différents sujets d'une proposition, ou ses différents attributs, de même que les propositions incidentes, ou modificatives de la principale ; comme dans la suivante ; *Démosthene, Ciceron, Montesquieu se sont acquis une gloire immortelle, par les écrits dignes d'admiration, qu'ils ont laissés à la postérité.*

2°. Que le point & virgule est d'usage après toutes les propositions simples, composées & complexes, lorsque le sens qu'elles expriment suspend l'esprit, de maniere à lui faire entrevoir, qu'il doit encore suivre quelque chose, pour le completer ; ainsi qu'on peut le remarquer dans la période précédente.

3°. Que les deux points doivent avoir lieu, après toutes les propositions, dont le sens quoique parfait, se trouve encore étendu, par d'autres propositions suivantes ; comme à la suite de ces phrases, il *s'énonça en ces termes* : il *repliqua de cette maniere* : *étant entré, il me dit* :

La narration suivante sur la naissance de Jesus-Christ, extraite du premier discours sur l'Histoire universelle, par M. Bossuet, me paroît préférable à tous les principes, pour déterminer les circonstances, où l'on doit employer les deux points.

Tout céde à la fortune de César : Alexandrie lui ouvre ses portes : l'Egypte devient une Province Romaine : Cléopatre qui désespere de la pouvoir conserver, se tue elle-même après Antoine : Rome tend les bras à César, qui demeure sous le nom d'Auguste, & sous le titre d'Empereur, seul maître de tout l'Empire. Il dompte, vers les Pyrenées, les Cantabres & les Asturiens révoltés : L'Ethyopie lui demande la paix : les Parthes épouvantés lui renvoient les étendards pris sur Crassus, avec tous les prisonniers Romains : les Indes recherchent son alliance : ses armes se font sentir aux Rhètes ou Grisons, que leurs montagnes ne peuvent défendre : La Pannonie le reconnoît, la Germanie le redoute, & le Weser reçoit ses loix : victorieux par mer & par terre, il ferme le Temple de Janus. Tout l'Univers vit en paix sous sa puissance, & Jesus-Christ vient au monde.

4°. Quant au point, on a dû voir dans les phrases précédentes, qu'il n'est d'usage qu'après un sens fini.

5°. Le point interrogatif s'emploie toujours après une proposition interrogative ; comme, *pensés-vous que les sciences soient utiles ?*

6°. Le point admiratif se place après toutes les propositions exclamatives ; comme, *que tout ceci est beau !*

MÉTHODE

Pour réduire en pratique les principes de la Grammaire.

L'EXPOSITION que je vais faire de la méthode pratique que je suis, dans mes démonstrations de Grammaire Françoise, pourra servir de plan à ceux qui se proposeroient d'acquérir par eux-mêmes, des connoissances dans cette partie.

L'objet de mes huit premieres leçons est d'appliquer aux différents mots, dont est formée la Langue Françoise, les définitions qui leur sont propres, pour faire sentir leurs rapports & leurs différences essentielles ; dans cette vue, j'exerce mes éleves à décliner par écrit, toutes sortes de noms, avec les différents articles, & à conjuguer des verbes réguliers, irréguliers, actifs, passifs, neutres, réfléchis, impersonnels & défectueux, en leur démontrant ce qui caractérise leurs diverses conjugaisons.

Je passe ensuite aux regles de syntaxe, & à l'explication des cas dont je démontre chaque définition par des exemples propres à faire sentir les différences qui les caractérisent, soit par rapport aux noms, soit relativement aux pronoms; ces exemples consistent en de petites phrases qui toutes renferment plusieurs cas; la suivante & l'explication grammaticale que j'en donne, instruisent des détails que j'exige de mes éleves, & des avantages qu'ils doivent en retirer.

EXEMPLE.

Alexandre soumit de force à l'obéissance les Peuples de la Grèce.

EXPLICATION.

Alexandre. NOM substantif propre, masculin, singulier, au nominatif; parce que son existence est exprimée par le verbe, *soumit*, dont il fait l'action.

Soumit. — Verbe actif, comme exprimant l'existence d'Alexandre agissant sur les Peuples, irrégulier de la quatrieme conjugaison, à la troisieme personne du singulier du parfait défini.

De. — — Article partitif, comme étant placé devant un nom qui n'est pas pris dans une acception générale, féminin, singulier.

Force. — Nom substantif féminin, singulier, à l'ablatif, comme exprimant le moyen par lequel l'action de soumettre a été faite.

à l' pour *à la.* Article général, féminin, singulier.

Obéissance. — Nom substantif féminin, singulier, au datif, comme exprimant la substance au profit de laquelle l'action de soumettre a été faite.

Les. — Article général masculin pluriel.

Peuples. — Nom collectif, parce qu'il exprime l'assemblage de plusieurs substances, & à l'accusatif, parce que c'est sur lui que s'effectue directement l'action de soumettre.

De la. — Article général féminin singulier.

Grece. — Nom substantif propre, féminin, singulier au génitif, comme exerçant possession sur ses peuples.

Ces opérations sont l'objet de cinq ou six leçons au plus, qui fournissent amplement l'occasion de rappeller les définitions de chaque mot, & de les inculquer dans la mémoire.

Après quoi j'exerce mes éleves sur des phrases suivies & périodiques, tant en prose qu'en vers, dont ils expliquent pareillement les parties grammaticales ; & sur lesquelles je leur fais les observations convenables par rapport à la construction & à l'inversion Françoise ; ces exercices remplissent douze ou quatorze leçons au plus, & je les considére comme formant la base des connoissances

connoiſſances grammaticales. Je ne crois pas inutile de donner ici une idée de ces opérations, parce qu'elles peuvent ſervir de modele à ceux qui voudront faire une étude particuliere de la Grammaire : Et pour prouver combien cette partie eſt peu ſuſceptible de difficultés, je tranſcris ſans y rien changer, les deux dernieres opérations de ce genre, faites par un de mes éleves, après vingt-huit leçons de Grammaire.

EXEMPLE.

Après la mort d'Artaxerxès Mnemon, Ochus ſon fils & ſon ſucceſſeur ſouillé du ſang de deux freres, avoit fait enterrer vive ſa ſœur Ocha, dont il avoit épouſé la fille. Sa fureur inſatiable s'étoit exercée ſur toutes les têtes les plus illuſtres. La Phenicie & l'Egypte ſe révolterent. Sidon fut brûlée par ſes propres citoyens, l'Egypte vaincue eſſuya d'horribles barbaries, elle vit ſes Dieux inſultés & ſes archives enlevées des temples ; mais Bagoàs vengea bientôt ſa Patrie par le meurtre de ce tyran.

EXPLICATION.

Après. — Prépoſition qui régit l'accuſatif, parce qu'après elle on peut faire la queſtion *quoi* ?

La. — — Article général féminin ſingulier.

Mort. — Nom ſubſtantif féminin ſingulier à l'accuſatif, comme régime de la prépoſition *après*.

d' pour *de*. Article individuel maſc. ſing.

Artaxerxès. Nom ſubſtantif propre maſc. ſing. au génitif, comme exerçant poſſeſſion ſur le ſubſtantif précédent.

Mnemon. — Nom ſubſtantif propre, maſculin, ſingulier au génitif, comme ſe rapportant à Artaxerxès.

Ochus. — Nom ſubſtantif propre maſculin ſingulier, au nominatif, parce que ſon exiſtence eſt exprimée par le verbe, *avoit fait*.

Son. — Pronom poſſeſſif même genre, nombre & cas que *fils* auquel il ſe rapporte.

Fils. — — Adjectif déterminé même genre, nombre & cas que ſon ſubſtantif *Ochus*.

Et. — — Conjonction.

Son. — — Pronom poſſeſſif même genre, nombre & cas que *ſucceſſeur* auquel il ſe rapporte.

Succeſſeur. Adjectif déterminé même genre,

nombre & cas que son substantif, *Ochus*.

Souillé. — Verbe régulier de la premiere conjugaison au participe présent passif, & au même genre, nombre & cas que le substantif *Ochus* qu'il qualifie.

Du. — — Article général, masc. sing.

Sang. — Nom substantif masculin, singulier, à l'ablatif, soit comme exprimant le moyen par lequel l'action du participe *souillé* a eu lieu, soit comme régime de ce participe passif.

De. — — Article individuel.

Deux. — Adverbe de nombre.

Freres. — Adjectif déterminé masc. pluriel au génitif, comme exerçant possession sur le substantif précédent.

Avoit fait. Verbe irrégulier de la quatrieme conjugaison à la troisieme personne du singulier du plusque-parfait de l'indicatif.

Enterrer. — Verbe actif régulier de la premiere conjugaison au présent de l'infinitif, comme précédé d'un autre verbe.

Vive. — Adjectif, même genre, nombre &

cas que le substantif *Ocha* qu'il qualifie.

Sa. — — Pronom possessif, même genre & cas que, *sœur* à qui il se rapporte.

Sœur. — Adjectif déterminé, même genre, nombre & cas que le substantif *ocha* qu'il qualifie.

Ocha. — Nom substantif propre. féminin singulier à l'accusatif, parce que c'est sur elle que s'effectue l'action exprimée par le verbe actif, *enterrer.*

Dont. — Pronom relatif, comme tenant la place d'*Ocha*, & au génitif, parce que le substantif *Ocha* dont il rappelle l'idée, exerce possession sur sa *fille.*

Il. — — Pronom personnel, tenant la place d'*Ochus*, au nominatif, parce que son existence est exprimée par le verbe *avoit épousé.*

Avoit épousé. Verbe actif régulier de la premiere conjugaison, à la troisieme personne du singulier du plusque-parfait de l'indicatif.

1°. Ce verbe est actif, parce qu'il exprime l'existence d'*Ochus*, faisant l'action d'*épouser* qui s'effectue sur la *fille.*

2°. Il eſt régulier de la premiere conjugaiſon, parce qu'il eſt terminé au préſent de l'infinitif en *er*, & que tous ſes temps ſimples peuvent ſe conjuguer ſur ceux du verbe *aimer*.

3°. Il eſt à la troiſieme perſonne du ſingulier, parce que tout verbe doit s'accorder en nombre & en perſonne avec ſon nominatif, & que *Ochus* nominatif de ce verbe, exprime une troiſieme perſonne du ſingulier.

Enfin il eſt au pluſque-parfait de l'indicatif, parce qu'il exprime ſans dépendance d'aucun incident, une action faite avant une autre, dans un temps paſſé.

Sur quoi l'on peut obſerver que ce temps compoſé étant conjugué avec l'auxiliaire *avoir*, le participe paſſif *épouſé* eſt indéclinable, comme ſuivi de ſon régime.

La. — Article général féminin, ſingulier.

Fille. — Adjectif déterminé féminin, ſingulier, à l'accuſatif, parce que c'eſt ſur lui que s'effectue l'action exprimée par le verbe, *avoit épouſé.*

Sa. — Pronom poſſeſſif, même genre, nombre & cas que *fureur* à qui il ſe rapporte.

Fureur. — Nom ſubſtantif féminin, ſingulier,

au nominatif, parce que son existence est exprimée par le verbe *s'étoit exercée*.

Insatiable. Adjectif, même genre, nombre & cas que son substantif, *fureur*.

s' pour *se*. Pronom réfléchi féminin, singulier, à l'accusatif, comme tenant la place de la fureur sur laquelle s'effectue l'action exprimée par le verbe *exercer*.

Étoit exercée. Verbe actif réfléchi & régulier de la premiere conjugaison, à la troisieme personne du singulier du plusque-parfait de l'indicatif; ce temps est composé de l'auxiliaire, *être*, parce que tout verbe réfléchi prend dans ses temps composés, l'auxiliaire *être*, le participe *exercée* est déclinable parce qu'il est conjugué avec l'auxiliaire, *être*, pris pour *avoir*, & qu'il est précédé de son régime.

Sur. — Préposition.

Toutes. — Pronom indéfini, même genre, nombre & cas que le substantif, *têtes*, auquel il se rapporte.

Les. — Article général, féminin, pluriel.

Têtes. — Nom substantif, féminin, pluriel,

à l'accusatif, comme régime de la préposition *sur*.

Les plus illustres. Adjectif, même genre, nombre & cas que son substantif, *têtes*, & au superlatif, parce qu'au moyen de l'expression adverbiale, *les plus*, il qualifie son substantif au plus haut dégré.

La. — Article général, féminin, singulier.

Phenicie. — Nom substantif propre, féminin, singulier.

Et. — Conjonction copulative.

l' pour *la.* — Article général, féminin, sing.

Egypte. — Nom substantif propre, féminin, singulier, au nominatif, ainsi que le substantif précédent, parce que leur existence est exprimée par le verbe *se révolterent.*

Se révolterent. Verbe actif, réfléchi & régulier de la premiere conjugaison à la troisieme personne du pluriel du parf. défini.

Sidon. — Nom substantif, propre, féminin, singulier, au nominatif, parce que son existence est exprimée par le verbe, *fut brûlée.*

Fut brûlée. Verbe passif régulier de la premiere

conjugaison à la troisieme personne du singulier du parfait défini, le participe *brûlée*, est déclinable, parce qu'il est conjugué avec l'auxiliaire, *être*.

Par. — Préposition.

Ses. — Pronom possessif, même genre, nombre & cas que *citoyens*.

Propres. - Adjectif, même genre, nombre & cas que *citoyens*.

Citoyens. - Adjectif déterminé, masculin, pluriel à l'accusatif, comme régime de la préposition *par*.

l'. pour *la*. Article général, féminin, sing.

Egypte. — Nom substantif, propre, féminin, singulier, au nominatif, parce que son existence est exprimée par le verbe *essuya*.

Vaincue. - Participe passif du verbe *vaincre*, irrégulier de la quatrieme conjugaison, employé comme simple adjectif.

Essuya. — Verbe actif, régulier de la premiere conjugaison, à la troisieme personne du singulier du parfait défini.

d'. pour *de*. Article partitif, féminin, pluriel.

Horribles. - Adjectif, même genre, nombre & cas que son substantif *Barbaries*.

Barbaries. Nom ſubſtantif, féminin, pluriel, à l'accuſatif, parce que c'eſt ſur lui que s'effectue directement l'action exprimée par le verbe *eſſuya.*

Elle. — Pronom perſonnel, tenant la place de l'Egypte, & au nominatif, parce que ſon exiſtence eſt exprimée par le verbe *vit.*

Vit. — Verbe actif irrégulier de la troiſieme conjugaiſon, à la troiſieme perſonne du ſingulier du parfait défini.

Ses. — Pronom poſſeſſif, même genre, nombre & cas que *Dieux.*

Dieux. — Nom ſubſtantif maſculin, pluriel, à l'accuſatif, parce que c'eſt ſur lui que s'effectue l'action exprimée par le verbe, *voir.*

Inſultés. — Participe préſent paſſif, du verbe, *inſulter*, régulier de la premiere conjugaiſon, employé comme ſimple adjectif.

Et. — Conjonction copulative.

Ses. — Pronom poſſeſſif, &c.

Archives. Nom ſubſtantif, féminin, pluriel, auſſi à l'accuſatif, pour la même raiſon que le ſubſtantif précédent.

Enlevées. Participe paſſif, du verbe, *enlever*, régulier de la premiere conjugaiſon, employé comme adjectif.

Des. — Article général, maſc., plur.

Temples. Nom ſubſtantif, maſculin, pluriel, à l'ablatif, parce qu'il exprime le lieu d'où les archives furent enlevées, ou parce qu'il doit être conſidéré comme régime de la prépoſition, *hors*, ſous-entendue.

Mais. — Conjonction adverſative.

Bagoas. — Nom ſubſtantif, propre, maſculin, ſingulier, au nominatif, parce que ſon exiſtence eſt exprimée par le verbe, *vengea.*

Vengea. — Verbe actif régulier de la premiere conjugaiſon, à la troiſieme perſonne du ſingulier du parfait défini.

Bientôt. — Adverbe, parce qu'il modifie la ſignification du verbe, *vengea.*

Sa. — Pronom poſſeſſif, même genre, nombre & cas que ſon ſubſtantif, *patrie*, auquel il ſe rapporte.

Patrie. — Nom ſubſtantif, féminin, ſingulier, à l'accuſatif, parce que c'eſt ſur lui que s'effectue l'action exprimée par le verbe, *venger*.

Par. — Préposition.

Le — Article général masculin, singulier.

Meurtre. Nom substantif, masculin, singulier à l'accusatif, comme régime de la préposition *par*.

De. — Article individuel, masculin, sing.

Ce. — Pronom démonstratif même genre, nombre & cas que *tyran*.

Tyran. — Adjectif déterminé, masculin, singulier au génitif, comme exerçant possession sur le substantif précédent.

EXEMPLE.

A peine le sang coule, & fait rougir la terre ;
Les Dieux font sur l'Autel, entendre le tonnerre :
Les vents agitent l'air d'heureux frémissements,
Et la mer leur répond par ses mugissements :
La rive au loin gémit blanchissante d'écume,
La flamme du bûcher d'elle-même s'allume :
Le Ciel brille d'éclairs, s'entrouvre, & parmi nous,
Jette une sainte horreur qui nous rassure tous.

⚜

EXPLICATION

A peine. -	Adverbe ſervant à modifier la ſignification du verbe ſuivant.
Le - -	Article général, maſc., ſing.
Sang. -	Nom ſubſtantif, maſculin, ſingulier au nominatif, parce que ſon exiſtence eſt exprimée par le verbe ſuivant.
Coule. -	Verbe neutre régulier de la premiere conjugaiſon, à la troiſieme perſonne du ſingulier du préſent de l'indicatif.
Et. - -	Conjonction.
Fait. - -	Verbe irrégulier de la quatrieme conjugaiſon, à la troiſieme perſonne du ſingulier du préſent de l'indicatif.
Rougir. -	Verbe actif régulier de la ſeconde conjugaiſon, au préſent de l'infinitif.
La. - -	Article général, féminin, ſing.
Terre. - -	Nom ſubſtantif féminin, ſingulier à l'accuſatif, comme recevant directement l'action exprimée par le verbe précédent.
Les. - —	Article général, maſculin, pluriel.
Dieux. —	Nom ſubſtantif, maſculin, pluriel, au nominatif, parce que ſon exiſtence

est exprimée par le verbe suivant.

Font. - - Verbe irrégulier de la quatrieme conjugaison, à la troisieme personne du pluriel du présent de l'indicatif.

Sur. --- Préposition.

l' pour *le.* Article général, masc., sing.

Autel. --- Nom substantif masculin, singulier, à l'accusatif, comme régime de la préposition *sur.*

Entendre. Verbe actif régulier de la quatrieme conjugaison, au présent de l'infinitif.

Le. — -- Article général, masc., sing.

Tonnerre. Nom substantif masculin, singulier, à l'accusatif, parce que c'est sur lui que s'effectue directement l'action *d'entendre.*

Les. --- Article général masculin, pluriel.

Vents. -- Nom substantif masculin, pluriel, au nominatif, parce que leur existence est exprimée par le verbe, *agiter.*

Agitent. — Verbe actif régulier de la premiere conjugaison, à la troisieme personne du pluriel du présent de l'indicatif.

l' pour *le.* Article général masc. sing.

Air. — Nom substantif, masculin, singulier, à l'accusatif, parce que c'est sur lui que s'effectue l'action exprimée par le verbe *agiter.*

d' pour *de.* Article partitif, masculin, pluriel.

Heureux. - Adjectif même genre, nombre & cas que son substantif, *frémissements.*

Frémissements. Nom substantif, masculin, pluriel à l'ablatif, parce que c'est par le moyen des frémissements que l'action d'agiter est faite.

Et. -- -- Conjonction.

La. — Article général féminin, singulier.

Mer. — Nom substantif féminin, singulier au nominatif, parce que son existence est exprimée par le verbe suivant.

Leur. — Pronom personnel tenant la place des vents, & au datif, parce que c'est à leur profit que l'action de répondre est faite.

Répond. -- Verbe régulier de la quatrieme conjugaison, à la troisieme personne du singulier du présent de l'indicatif.

Par. — Préposition.

Ses. — Pronom possessif, au même genre,

nombre & cas que le ſubſtantif ſuivant auquel il ſe rapporte.

Mugiſſements. Nom ſubſtantif, maſculin, pluriel, à l'accuſatif, comme régime de la prépoſition, *par.*

La. — Article général féminin, ſingulier.

Rive. — Nom ſubſtantif féminin, ſingulier, au nominatif, parce que ſon exiſtence eſt exprimée par le verbe, *gémir.*

Au loin. -- Adverbe, qui modifie la ſignification du verbe, *gémir.*

Gémit. — Verbe neutre régulier de la ſeconde conjugaiſon, à la troiſieme perſonne du ſingulier du préſent de l'indicatif.

Blanchiſſante. Adjectif verbal, même genre, nombre & cas que ſon ſubſtantif, *rive.*

d' pour *de.* Article partitif, féminin, ſingulier.

Écume. — Nom ſubſtantif, féminin, ſingulier à l'ablatif, parce que c'eſt par ſon moyen que la rive étoit blanchiſſante.

La. — Article général féminin, ſingulier.

Flamme. - Nom ſubſtantif féminin, ſingulier, au nominatif, parce que ſon exiſtence eſt exprimée par le verbe ſuivant.

Du. — Article général maſc., ſing.

Bûcher. — Nom ſubſtantif maſculin, ſingulier, au génitif, comme exerçant poſſeſſion ſur la flamme.

d' pour *de.* Article individuel, féminin, ſingulier.

Elle-même. Pronom réfléchi, tenant la place de la flamme, & à l'ablatif, parce que c'eſt par ſon propre moyen qu'elle s'allume.

s' pour *ſe.* Pronom réfléchi, tenant la place de la flamme, & à l'accuſatif, parce que c'eſt ſur elle-même que s'effectue l'action d'allumer.

Allume. — Verbe réfléchi, régulier de la premiere conjugaiſon, à la troiſieme perſonne du ſingulier du préſent de l'indicatif.

Le. — — Article général.

Ciel. — Nom ſubſtantif, maſculin, ſingulier, au nominatif, parce que ſon exiſtence eſt exprimée par le verbe ſuivant.

Brille. — Verbe neutre régulier de la premiere conjugaiſon, à la troiſieme perſonne du ſingulier du préſent de l'indicatif.

d' pour *de.*

tenant la place du *Ciel*, ſur lequel s'effectue l'action d'entrouvrir, & régulier de la quatrieme Claſſe de la ſeconde conjugaiſon, à la troiſieme perſonne du ſingulier du préſent de l'indicatif.

Et. — Conjonction.

Parmi. — Prépoſition.

Nous. — Pronom perſonnel à l'accuſatif, comme, régime de la prépoſition, *parmi.*

Jette. — Verbe actif régulier de la premiere conjugaiſon, à la troiſieme perſonne du ſingulier du préſent de l'indicatif.

Une. — Article féminin, ſingulier.

Sainte. — Adjectif, même genre, nombre & cas que le ſubſtantif ſuivant.

Horreur. — Nom ſubſtantif féminin, ſingulier, à l'accuſatif, parce que c'eſt ſur lui que s'effectue directement l'action de *jetter.*

Qui. — Pronom relatif féminin, ſingulier, comme tenant la place de l'horreur, dont il rappelle l'idée, & au nominatif, parce que ſon exiſtence eſt exprimée par le verbe ſuivant.

Nous. --- Pronom perſonnel, maſculin, pluriel, à l'accuſatif, parce que c'eſt ſur ceux dont il tient la place, que s'effectue directement l'action du verbe ſuivant.

Raſſure. -- Verbe actif régulier de la premiere conjugaiſon, à la troiſieme perſonne du ſingulier du préſent de l'indicatif.

Tous. --- -- Pronom indéfini, même genre, nombre & cas que le pronom perſonnel, *nous*; auquel il ſe rapporte.

Beaucoup de perſonnes auront peine à croire qu'il ſoit poſſible d'acquérir en 28 leçons, des connóiſſances auſſi étendues dans la Grammaire; cependant je pourrois citer un grand nombre d'éleves de l'un & de l'autre ſexe, qui, par le moyen de cette méthode, ont fait les mêmes progrès, en 28, 30 & 36 leçons. Au reſte les opérations précédentes ſur les parties Grammaticales, & celles que je fais ſuccéder enſuite, tant par rapport à l'explication des différentes parties & des diverſes modifications de la propoſition logique, que relativement à l'inverſion, la conſtruction & l'arrangement des mots, ne peuvent laisser aucun doute, sur la parfaite intelligence de l'orthographe de principes qui doit en résulter, & sur le peu qu'il reste alors à faire, pour apprendre à traduire notre Langue en Latin.

FIN.

TABLE DES MATIERES.

I

L

M

N

O

P

Fin de la Table.

APPROBATION DU CENSEUR ROYAL

J'AI lu, par ordre de Monseigneur le Garde des Sceaux, un Manuscrit, intitulé *Traité Élémentaire de Grammaire & d'Orthographe Françoise*; & n'y ai rien trouvé qui puisse en empêcher l'impression. A Montmorenci ce 30 Mars 1777.

L'ABBÉ BRUTÉ, *Censeur Royal.*

PRIVILEGE DU ROI.

LOUIS, PAR LA GRACE DE DIEU, ROI DE FRANCE ET DE NAVARRE: A nos amés & féaux Conseillers, les Gens tenans nos Cours de Parlement, Maître des Requêtes ordinaires de notre Hôtel, Grand Conseil Prévôt de Paris, Baillifs, Sénéchaux, leurs Lieutenans Civils, & autres nos Justiciers qu'il appartiendra: SALUT, notre amé le Sieur ROYON, nous a fait exposer qu'il desireroit faire imprimer & donner au Public: *un Ouvrage ayant pour titre, Traité Élémentaire de Grammaire & d'Orthographe Françoise, &c.* S'il nous plaisoit lui accorder nos Lettres de Privilege pour ce nécessaires. A CES CAUSES, voulant favorablement traiter l'Exposant, Nous lui avons permis & permettons par ces Présentes, de faire imprimer ledit Ouvrage autant de fois que bon lui semblera, & de le vendre, faire vendre & débiter par tout notre Royaume, pendant le temps de six années consécutives, à compter du jour de la date des Présentes. FAISONS défenses à tous Imprimeurs, Libraires & autres personnes de quelque qualité & condition qu'elles soient, d'en introduire d'impression étrangere dans aucun lieu de notre obéissance. Comme aussi d'imprimer, ou faire imprimer, vendre, faire vendre, débiter ni contrefaire ledit Ouvrage, ni d'en faire aucuns Extraits, sous quelque prétexte que ce puisse être, sans la permission expresse & par écrit dudit Exposant, ou de ceux qui auront droit de lui, à peine de confiscation des Exemplaires contrefaits, de trois mille livres d'amende contre chacun des contrevenans, dont un tiers à Nous, un tiers à l'Hôtel-Dieu de Paris, & l'autre tiers audit Exposant, ou à celui qui aura droit de lui, & de tous dépens, dommages & intérêts; A LA CHRGE que ces Présentes seront enregistrées tout au long sur le Registre de la Communauté des Imprimeurs & Libraires de Paris, dans trois mois de la date d'icelles; que l'impression dudit Ouvrage sera faite dans notre Royaume & non ailleurs, en beau papier & beaux caracteres, conformément aux Réglemens de la Librairie, & notamment à celui du 10 Avril 1725, à peine de déchéance du présent Privilege qu'avant de l'exposer en vente, le manuscrit qui aura servi de copie à l'impression dudit Ouvrage, sera remis dans le même état où l'approbation y aura été donnée, ès-mains de notre très-cher & féal Chevalier, Garde des Sceaux de France, le sieur HUE DE MIROMENIL; qu'il en sera ensuite remis deux Exemplaires dans notre Bibliotheque publique, un dans celle de notre Château du Louvre, un dans celle de notre très-cher & féal, Chevalier, Chancelier de France, le sieur DE MAUPEOU, & un dans celle dudit sieur HUE DE MIROMENIL, le tout à peine de nullité des Présentes: DU CONTENU desquelles vous MANDONS & enjoignons de faire jouir ledit Exposant, & ses ayans causes, pleinement & paisiblement, sans souffrir qu'il leur soit fait aucun trouble ou empêchement. VOULONS que la copie des Présentes, qui sera imprimée tout au long, au commencement ou à la fin dudit Ouvrage, soit tenue pour duement signifiée, & qu'aux copies collationnées par l'un de nos amés & féaux Conseillers-Secrétaires, foi soit ajoutée comme à l'original. COMMANDONS au premier notre Huissier ou Sergent sur ce requis, de faire, pour l'exécution d'icelles, tous actes requis & nécessaires, sans demander autre permission, & nonobstant clameur de haro, charte normande, & lettres à ce contraires: Car tel est notre plaisir. Donné à Paris, le vingt-sixieme jour du mois de Mars l'an de grace mil sept cent soixante-dix-sept, & de notre Regne le troisieme. Par le Roi en son Conseil, LE BEGUE.

Registré sur le Registre XX de la Chambre Royale & Syndicale des Libraires & Imprimeurs de Paris, n° 926,

Fol. 315 ; conformément au Réglement de 1723, qui fait défenses, art. IV, à toutes personnes de quelque qualité & condition qu'elles soient, autres que les Libraires & Imprimeurs, de vendre, débiter, faire afficher aucuns Livres, pour les vendre en leurs noms, soit qu'ils s'en disent les Auteurs, ou autrement, & à la charge de fournir à la susdite Chambre, huit Exemplaires prescrites par l'article 108 du même Réglement. A Paris, ce 27 Mars 1777.

LAMBERT, *Adjoint.*

De l'Imprimerie de D. C. COUTURIER pere, aux Galleries du Louvre.

www.ingramcontent.com/pod-product-compliance
Ingram Content Group UK Ltd.
Pitfield, Milton Keynes, MK11 3LW, UK
UKHW012036240726
13965UKWH00003B/833